たのしく学べる乳幼児の心理 改訂版

編著
櫻井茂男・岩立京子
Shigeo Sakurai / Kyoko Iwatate

福村出版

[JCOPY]〈出版者著作権管理機構 委託出版物〉
本書の無断複写は著作権法上での例外を除き禁じられています.複写される場合は,そのつど事前に,出版者著作権管理機構(電話 03-5244-5088,FAX 03-5244-5089, e-mail: info@jcopy.or.jp)の許諾を得てください.

●はじめに●

　心理学のなかには，人間が生まれてから死ぬまでの「心」のあり方を研究する「発達心理学」という分野があります。前文ではこれまでのように「生まれてから死ぬまで」と表現しましたが，最近は科学技術の進歩によって，赤ちゃんが母親のおなかのなかにいる時期のこと，すなわち「胎児期」のこともだいぶわかるようになりましたので，「胎児期から死ぬまで」と表現したほうが適切かもしれません。人間はこの間に，感覚器官を発達させ，ものごとを学び，社会性を身につけ，子育てをし，そして老いて死んでいきます。

　また，発達心理学は「胎児心理学」「乳幼児心理学」「児童心理学」「青年心理学」「成人心理学」「老人心理学」といった，発達段階別の心理学に分けることもできます。こういった細分化された発達心理学のなかで，近年活発に研究されているのが「乳幼児心理学」と「老人心理学」です。乳幼児心理学は生まれてから小学校へ入学する前までの子どもを，老人心理学はおおむね65歳以上のお年寄りを対象とする心理学です。活発に研究されているということは，新しい知見が急速に蓄積されていることを意味します。

　さて，本書はこういった研究状況をふまえて執筆しました『たのしく学べる乳幼児の心理』の「改訂版」です。乳幼児心理学の入門書であることは旧版と全く変わりませんので，大学・短大・専門学校などでの乳幼児心理学のテキストとして最適であると思われます。旧版執筆後かなりの時間が経ちましたので，その後の研究成果をできるだけ盛り込むこと，2008（平成20）年3月に幼稚園教育要領，保育所保育指針の改定がありましたので，その改定のポイントをふまえて書くこと，が改訂版刊行の趣旨でした。

　本書の特徴は，旧版同様，以下のとおりです。

　第1に，できるだけわかりやすい表現と構成にしました。わかりやすい文章を心がけたことはもちろんですが，各章のはじめにその章の内容に関連した「エピソード」を挿入しました。エピソードでは日常的で何げない出来事を取り上

げましたが，示唆に富んでいると思います。本文に入る前のウォーミングアップとして有効です。たとえば，1章では「日米のこころの絆(きずな)」について，2章では「できること」についての出来事が紹介されています。さらに，本書では各章のはじめに，その章の概略もつけました。読む前の枠組みづくり，読んだ後の要点整理に役立ててください。

　第2に，乳幼児心理学という学問に興味をもっていただくために，乳幼児の心理と関連する現代的なトピックや注目度の高い研究なども「コラム」で紹介しました。たとえば，9章では「からかいが意味するもの」，11章では「知育玩具(がんぐ)」が紹介されています。是非お読みください。

　第3に，本書に掲載された内容以上に詳しく乳幼児の心理学を学びたいという読者のために，「読書案内」を章末に設けました。また，本書で引用した新しい研究（文献）には，読者自ら文献研究ができるように，研究（文献）が発表された年を本文中に（　）で示しました。たとえば，［杉原（1986）］と書いてあるのは，［杉原さんという研究者が1986年に発表した研究（文献）］を意味します。巻末にある「引用・参考文献」でその文献を探し，図書館等で申し込めば，容易に入手できます。

　末筆になりましたが，本書の出版を快くお引き受けいただきました福村出版ならびに編集の労をお取りいただいた編集部の皆様に心より感謝申し上げます。

　　　平成22年9月

編者　櫻井茂男
岩立京子

● 目次 ●

はじめに (3)

1章　乳幼児の心理 … 9
　1節　乳幼児と乳幼児心理学 … 10
　2節　乳幼児期の特徴 … 13
　3節　発達の原理 … 18

2章　からだと運動 … 23
　1節　ヒトの生物学的基礎 … 24
　2節　からだの発達 … 27
　3節　運動の発達 … 29
　4節　からだの発達と環境──生態学的アプローチから … 33

3章　知覚 … 37
　1節　知覚とは … 38
　2節　感覚機能の発達 … 41
　3節　乳幼児の知覚特性──未分化から分化へ … 44

4章　認知と思考 … 49
　1節　認知とは … 50
　2節　乳幼児期の思考の発達 … 50
　3節　記憶機能の発達 … 56
　4節　思考の発達と記憶 … 62

5章　情緒と欲求 … 65
　1節　子どもの豊かな感情・情緒の発達について … 66
　2節　子どもの欲求について … 70

6章　ことばとコミュニケーション … 79
　1節　コミュニケーションの原点——母子相互作用 … 80
　2節　ことばの発生とその発達 … 83
　3節　ことばの教育とコミュニケーション … 88

7章　人間関係 … 91
　1節　人間関係のはじまり … 92
　2節　人間関係の広がり … 97
　3節　友だちをつくること … 100
　4節　さまざまな人々とのかかわり … 103
　5節　男の子らしさ・女の子らしさ … 105

8章　自己 … 107
　1節　自己の発見と自己認識のはじまり … 108
　2節　自己の認識 … 112
　3節　行動を制御する自己 … 115

9章　遊びの発達 … 119
　1節　遊びの理論と定義 … 120
　2節　遊びの種類と発達 … 123
　3節　遊びと想像力 … 127

10章　道徳性と向社会性 … 133
　1節　向社会的行動の発達 … 134
　2節　思いやりの発達 … 136
　3節　道徳性の発達 … 138
　4節　向社会性をはぐくむ親子関係 … 143

11章　父親と母親 … 147
　1節　父親の子育て … 148

2節　母親の子育て ……………………………………………………… 151
　3節　養育環境と親子関係 …………………………………………… 155

12章　現代社会とメディア ……………………………………………… 159
　1節　幼児の情報リテラシー ………………………………………… 160
　2節　物語経験とメディア …………………………………………… 161
　3節　家庭生活とメディア …………………………………………… 165

13章　発達のつまずき …………………………………………………… 169
　1節　発達障害とは …………………………………………………… 170
　2節　ことばのつまずき ……………………………………………… 175
　3節　登園拒否——母子分離不安が強くて登園できないC君 …… 180

14章　発達の理論 ………………………………………………………… 183
　1節　人間の発達と遺伝・環境 ……………………………………… 184
　2節　精神分析の発達理論 …………………………………………… 187
　3節　認知発達理論 …………………………………………………… 189
　4節　学習理論 ………………………………………………………… 191

15章　発達の研究法 ……………………………………………………… 197
　1節　観察法 …………………………………………………………… 198
　2節　実験法 …………………………………………………………… 200
　3節　面接法 …………………………………………………………… 203
　4節　事例研究法 ……………………………………………………… 205
　5節　量的研究法と質的研究法 ……………………………………… 208
　6節　研究倫理 ………………………………………………………… 210

引用・参考文献（212）
人名索引（218）
事項索引（219）

・・・ ◆ **コラム** ◆ ・・・・・・・・・・・・・・・・・・・・・・・

コラム 1	「ハイハイ」は本当に必要なのか？	19
コラム 2	さまざまな知性	34
コラム 3	胎教は有効か？	46
コラム 4	心の理論	63
コラム 5	幼児虐待症候群	77
コラム 6	初語異変	87
コラム 7	ソシオメトリーと子どもの社会的地位	101
コラム 8	幼児は自分をどのようにとらえているか	114
コラム 9	からかいが意味するもの	131
コラム 10	統制可能性の認知と感情が援助行動におよぼす影響	141
コラム 11	知育玩具	156
コラム 12	カット技法とテレビ視聴	167
コラム 13	発達障害児の動作語の獲得	179
コラム 14	保育者効力感について	195
コラム 15	野生児・社会的隔離児の研究	206

表紙・本文イラスト　今井ちひろ

1章 ● 乳幼児の心理

エピソード

　アメリカへ留学したおり，国際結婚をした女友だちの家を訪ねた。夫は生粋のアメリカ人で，ご夫妻は2人のお子さんとサンフランシスコの郊外に住んでいた。2人のお子さんは4歳の長女マリアと2歳の長男トムで，いずれもかわいいさかりであった。

　わが国では子どもが幼いころは親といっしょに寝るが，アメリカでは幼いころより自室に1人で寝るのがふつうといわれる。マリアもトムもそのようにしつけられたらしい。しかし，そのしつけには裏話があった。奥さんに聞いたところによると，子どもたちが1人で寝るのは夫がいるときだけで，彼がいないときは2人とも彼女のベッドにもぐりこんで寝るというのである。私は「やっぱり！」と思った。マリアもトムも，日本の子どもとそう変わらない行動をしているのである。

　私は以前から母親に対する「愛着（こころの絆）」は，母親といっしょに寝ることによって形成される面が大きいと考えてきた。両国における子どもの就寝スタイルの違いは常識のように考えられているが，それほど大きな違いではないらしいのだ。いわゆる「文化差」といわれるものもよく調べてみないとわからないと思うのである。

エピソードで紹介したように，子どもの心理や行動については常識と思っているようなことでも，実際によく調べてみると常識とはいえないようなこともある。特に，乳幼児心理学は，近年の科学技術の進歩にともない新しい知見を急速に蓄積している最中であり，そのようなことがよくあてはまる分野といえよう。

本章では，これから乳幼児心理学を学ぼうとしている人のために，乳幼児心理学の基礎を提供する。1節では乳幼児とはどういった時期の子どもなのか，乳幼児心理学はどのような学問なのか，乳幼児の心理や行動はどのように研究されてきたのかを簡単に説明する。2節では乳幼児の心理の特徴を概観し，3節では発達とはどういう現象なのか，発達の原理とは何か，乳幼児の発達課題とは何か，などについて述べる。

1節 乳幼児と乳幼児心理学

▶1 乳幼児とはどのような子どもか

私たちはふつう，生まれたばかりの子どもを「赤ちゃん」と呼んでいるが，心理学の世界では「新生児」という専門の用語を使う。「新生児」とは誕生から生後1カ月くらいまでの子どものことである。赤ちゃんということばは生後2年くらいまで使われるが，新生児という専門用語はごく初期の短い期間の子どもに使われる。新生児の特徴は後で詳しく述べるが，ひと言でいえば「原始反射（新生児反射）」といわれる生得的な反応によって，外の世界に適応しようとする点にある。心理学では子どもの成長発達にみられるこういった特徴によって子どもの呼び名を変える。新生児に続いて「乳児」「幼児」「児童」という用語が使われるが，これら用語の使われる時期はおおむね以下のとおりである。

(1) 新生児　誕生から生後1カ月くらいまでの子ども。
(2) 乳児　　誕生から生後1年半くらいまでの子ども。
(3) 幼児　　生後1年半から小学校入学前までの子ども。
(4) 児童　　主に小学生の子ども。

新生児はすでに示したように，乳児の最初期の呼び名である。したがって，大きく区分すると，誕生して1年半くらいまでを「乳児」，その後小学校入学前までを「幼児」，小学校時代を「児童」とするのが適当であろう。本書でもこのような使い方をする。したがって，本書で用いる「乳幼児」という用語は「誕生後6年間くらいの子ども」をさすのである。

なお，乳幼児の前の段階の子どもは「胎児」と呼ばれる。胎児はお母さんのおなかのなかにいる子どもである。近年は科学技術の急速な進歩によって，胎児の行動さえも心理学の研究対象となりつつある。

▶2　乳幼児心理学とはどんな学問か

乳幼児とは小学校入学前までの子どもである。それゆえ，「乳幼児心理学」というのは小学校入学前までの子どもを対象にした心理学のことである。さらにいえば，「乳幼児のこころのはたらきやそのあらわれとしての行動を研究し，彼らの健全な発達に貢献するための心理学の一分野」が乳幼児心理学となる。

乳幼児心理学は，より大きな枠組みである「発達心理学」の最初期の部分として位置づけることもできる。発達心理学というのは，生まれてから死ぬまでの人間の発達過程を研究する心理学である。先に述べたように，すでに胎児も研究対象となっている現在，「生まれてから」というよりも「胎児のときから」といったほうが適切かもしれない。

発達心理学のなかには，乳幼児心理学（胎児期を含むことがある）のほかに，児童心理学，青年心理学，成人心理学，老年心理学，などがある。こういった心理学は各時期の人間のからだやこころの構造・はたらきを調べる心理学であるが，近年はこのように人生を輪切りにしたような発達心理学ではなく，知性や社会性といった個々の心的機能を取り上げ，それが生涯をとおしてどのように変化するのかを研究する「生涯発達心理学」が台頭してきている。このような心理学は発達のダイナミックスをとらえるために重要である。

乳幼児心理学の内容については，本書の2章〜15章をお読みいただければだいたい理解できる。乳幼児のからだと運動，知覚（ものの見え方や感じ方），

思考，情緒と欲求，ことば，人間関係，自己のとらえ方，遊び，道徳性，父親と母親の役割，メディアとの関係，発達のつまずきとその指導，さらには発達の理論や発達心理学の研究法までていねいに紹介されている。

▶3　乳幼児心理学の歴史

　科学をめざした心理学は，1879年ドイツのヴント（1832～1920）がライプチヒ大学に世界で最初の心理学実験室を開設したときにはじまるとされる。自然科学の方法論を取り入れた心理学のスタートである。このときから数えると心理学の歴史は130年である。しかし，大昔から人間はこころの問題に関心がなかったわけではない。ただ，19世紀後半まではこころの問題がおおむね思弁的に論じられてきたのである。ヴントの実験室の開設を契機に実証的なデータにもとづく実験心理学が生まれたといえる。

　乳幼児心理学でも，19世紀後半より科学的な研究が登場する。1877年，『種の起源』（1858）で知られるイギリスの進化論者ダーウィンは，自分の子どもの観察記録をまとめて『ある乳児の伝記的スケッチ』を出版した。5年後の1882年には，ドイツのプライアーが，同じように観察法にもとづく子どもの成長記録をまとめ，世界最初の体系的な乳幼児心理学書といわれる『子どもの精神』を出版した。また，同時代にアメリカでは，ヴントの弟子であるホールが質問紙法を用いた子どもの研究を発表し，乳幼児心理学に大きな影響を与えた。

　20世紀に入ると，フロイトによる精神分析学，ワトソンによる学習研究，ピアジェによる発生的認識論（1つの科学として体系化された認識論，14章参照）の登場などによって，現代乳幼児心理学の基礎ができた。1905年にはフロイトが『性愛理論への3つの貢献』を著し，幼児期体験の重要性を指摘した。1920年にはワトソンが乳児に対する恐れの条件づけ実験を発表し，1923年にはピアジェが『児童における言語と思考』を出版し自己中心性の問題を論じた。さらに，20世紀前半，乳幼児心理学に大きな貢献をしたのは「乳幼児心理学の父」といわれるゲゼルである。彼は0歳児から6歳児までの成長記録を綿密に分析し，現在でも利用価値が高いとされる発達診断尺度を作成したのである

(1934年)。

その後，科学技術の急速な進展に支えられて，多くの研究者が精力的に研究を進めている。現在，乳幼児心理学は最もホットな研究分野といえよう。

2節 乳幼児期の特徴

▶ 1 胎児期

　乳幼児期と深いかかわりをもつ胎児期の特徴について簡単に紹介しておこう。受胎後2カ月ごろから出生までの時期を「胎児期」という。受精卵が成長し形態的に人間らしくなるのが受胎後2カ月あたりで，それ以降の時期が胎児期である。この時期の研究は超音波検査器などの新しい機器の開発によって大きな進歩を遂げた。具体的な映像として胎児の行動が観察できるようになったのである。ある研究（たとえば，夏山，1989）によると，胎児は指しゃぶりをしたり，外界からの音刺激や触刺激によってからだを動かしたり，羊水を飲んでおしっこをしたりするという。

　胎児期は身体の諸器官が成長し，出生後の生活に必要な生物学的な準備をする時期であるといわれる。出生によって外界へ出ても，養育者の保護があれば何とか生きていけるまでに成長する時期である。受胎後2カ月で人間の外観を呈するまでに成長した胎児は，3カ月になると性別がはっきりし，4カ月のころには指を吸う行動があらわれる。6カ月の終わりには聴覚がかなり発達し外界の大きな物音に驚いて激しく動くことさえある。8カ月では未熟児として生まれても，ほぼ正常な発達ができるという。

　近年の研究によると，薬物，アルコール（酒），ニコチン（たばこ），ストレスなどが母体をとおして胎児に悪い影響をおよぼすらしい。たとえば，ヘビースモーカーの母親からは低体重児が生まれやすく，しかも男児にその傾向が顕著であるという。また，夫や姑（しゅうと）との関係がうまくいかないストレスの多い妻は流産しやすいという調査結果もある。

▶2 乳児期

　乳児期とは出生から1年半までの時期のことである。もちろん，生後1カ月までの新生児期を含む。スイスの動物学者ポルトマン（1951）は，人間の子どもは他の高等哺乳類の子どもに比べて1年くらい早く生まれる「生理的早産」であるという。たとえば，ウマやウシは出生後すぐに歩くことができるが，人間は1人で歩けるまでには1年くらいかかる。人間の子どもは母親のおなかのなかにいるはずの1年を外界で過ごすことにより，おなかのなかにいるときよりもずっと豊かな刺激にふれ，めざましい発達を遂げることができるのである。その意味では，人間の場合この時期を中心に，豊かな環境を用意することが大事である。

　ところで，新生児期は先にも紹介したとおり，「原始反射（新生児反射）」などの生得的な反射によって外界に適応しようとする時期である。生命活動を維持するために新生児はお乳を飲む必要があるが，これは口唇探索反射（口元を軽くつつくと，ふれた方向に頭を向ける反射）や吸啜反射（口のなかにものを入れると吸う反射）によって可能である。しかし，原始反射は長くても2カ月くらいで消失するため，その後はお乳を〈意識して〉飲む行動が必要になる。人間のからだはうまくできていて，それまでの脳神経系の発達と原始反射によるお乳を飲む行動の繰り返しがこれを可能にしているのである。

　乳児が順調に成長するためには，養育者（母親が多いので，以後は「母親」という）による養育が必要不可欠である。母親の養育行動（マザーリング）をとおして，乳児と母親のあいだに温かい人間関係が形成される。母親がほほえみながらミルクを与えたり，やさしく抱っこしながらあやしたり，そうした養育行動が温かい人間関係をつくるのである。ボウルビィ（1969）は母子間の温かい絆のことを「愛着（アタッチメント）」と呼んでいる。母親への愛着は，その後の子どもの認知・社会面の発達に大きな影響をおよぼす。

　通常の発達であれば，生後6，7カ月の乳児には「人見知り」という現象があらわれる。母親以外の人に抱かれると不満な顔をしたり，泣き出したりする現象である。これは母親への愛着がきちんと形成されている証拠である。母親

への愛着がきちんとできているからこそ，母親以外の人を区別し嫌うのである。母親への愛着は人間一般への信頼感の基礎でもある。時間が経つと母親のまわりにいる父親，祖母，祖父なども愛着の対象となる。人間に対する信頼の輪が広がったのである。こうなると人見知りは消失する。これが健全な発達である。また，母親への愛着によって，母親の行動をまねることも頻繁に起きるようになる。ことばの獲得はまさにこうしてなされるのである。そして，ことばの獲得は知的な発達に大きな影響をおよぼすのである。

▶3　幼児期

　幼児期は乳児期が終わる生後 1 年半から小学校入学前までの時期である。したがって，おおかたは幼稚園児や保育園児の時期といってよい。この時期の特徴は，好奇心が旺盛（おうせい）なこと，基本的生活習慣が自立できるようになること，自分というものが意識されるようになること（第一反抗期の出現），言語能力や思考能力が急速に伸びること，である。

　幼児が好奇心旺盛であることは，幼児の行動を観察したことのある人ならばすぐにわかるであろう。めずらしいもの，おもしろいもの，不思議なものなどをさかんに探求し，わからないことがあれば母親に聞いたり保育者に尋ねたりする。こうした好奇心を伸ばしていくには豊かな環境と，子どもの質問に答えてあげられる「応答する環境」が重要である。

　精神分析学者のエリクソン（1959）は，幼児期に重要なことは「自発的にものごとを成し遂げること」であると指摘した。その基礎になるのが「基本的生活習慣の自立」である。表 1-1 に示されているように，乳幼児期をとおして子

表 1-1　基本的生活習慣の自立の基準 （藤崎, 1993）

	食事	睡眠	排泄	着脱衣	清潔
6カ月〜1歳3カ月	離乳食〜幼児食へ移行させ，喜んで食べる。	生活リズムにそって，眠い時は安心して十分眠る。	徐々に便器での排泄になれる。		おむつの交換などにより，清潔の心地よさを知る。
1歳3カ月〜2歳未満	スプーン，フォークを使って1人で食べようとする気持ちをもつ。		便器での排泄になれる。	衣服の着脱に興味をもつ。	
2歳	こぼしたり，ひっくりかえしても自分で食事しようとする。	落ち着いた雰囲気で十分眠る。	自分から，また促されて便所に行く。	簡単な衣服は1人で脱げる。	手伝ってもらいながら顔をふく，手を洗う，鼻をふく。
	嫌いな物も少しずつ食べる。食後，うがいをする。		見守られて自分で排泄する。	手伝ってもらいながら1人で着る。	
3歳	こぼさずに1人で食べる。		失敗することはあっても，適宜1人で排尿，排便できる。	ほとんどの衣服を自分で着脱し，調整しようとする。	食事の前後，汚したときに，自分で洗い，ふくなどし，清潔を保つ。
					自分用のハンカチ・タオルを使う。
4歳	食事の前には自分から手を洗い，食後は歯を磨く。	落ち着いた雰囲気で十分眠る。	排泄やその後始末は，ほとんど1人でできる。	言われると帽子を被る。	鼻をかんだり，顔や手を洗い，体の清潔を保つ。
		言われて休息，昼寝ができる。		順序よく衣服の着脱をする。	
				衣服の調節をする。	
5歳	食事の仕方が身につき，楽しんで食べる。		排泄の後始末を上手にする。	ほとんど1人で衣服を着脱し，必要に応じて衣服を調節する。	うがい，手洗いの意味がわかる。
	食後は進んで歯を磨く。				体や身の回りを清潔にする。
6歳	食べ物と体の関係について関心をもって食事をする。	休息するわけがわかり，運動や食事の後は静かに休む。	便所を上手に使う。	衣服の着脱が1人ででき，衣服を適当に調節する。	清潔にしておくことが病気の予防と関連することがわかる。
					体，衣服，持ち物などを清潔にする仕方を身につける。

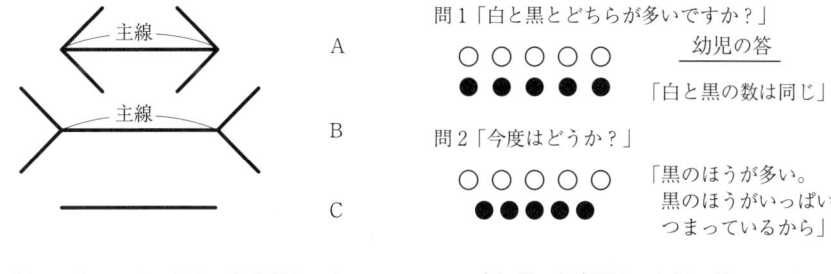

(a) A=C, B=C であることを認めてもやはり A<B であると主張する。

(b) 数の保存概念の欠如の例

図 1-1　直観的思考の例（杉原，1986）

どもは自分の身のまわりのことを自分で処理できるようになる。たとえば，食事を1人でこぼさないように食べる，小便や大便が1人でできる，衣服の着脱が1人でできる，といったことである。これらの基本的な行為が1人でできれば，日常的には親から独立した生活が可能になる。そして，やりたいことは自分でやれるようになるのである。

基本的生活習慣が身につくと，「自分にもこれだけのことができるんだ！」といった自信（有能感ともいう）が生まれる。この自信などが背景となって，自分を意識し主張するようになるのもこの時期である。いわゆる「第一反抗期」の到来である。親の指示に対して「いやだ」「自分でする」といって逆らうことが多くなるのであるが，これは反抗というよりも「自己主張」である。親にとっては扱いづらい時期であるが，子どもは自分を意識し自己主張をしているのであると考え，やさしく見守ってやることが重要である。そうしないと，親の指示したことしかできない「指示待ち人間」になってしまうのである。

この時期には話す力も考える力も急速に発達する。4歳になれば，日常的な会話能力はほぼ完成する。語彙数も急速に増え，6歳で使用語彙は3000語，理解語彙は5000語といわれる。思考の面ではピアジェのいう「直感的思考」の段階に到達する。乳児期に比べると大きな変化である。図1-1に示されているように，幼児の思考は論理的というよりも，ものの見え方（直観）に左右されやすい。図の（a）の例では，主線がA＝Bであることを何度確かめても矢

羽による錯視（A＜B）に左右され，A＜Bと答えるのである。また，数の多少判断でも（b）の例のように，見え方に左右されてしまうのである。これはまだ数の保存ができていないことを示している。小学生になると数の保存が完成する。

3節 発達の原理

▶1 発達とは何か

「発達」とは，人間のからだやこころの構造・はたらきに生じる連続的な変化であり，心理学ではもちろん，こころの構造やはたらきに重点をおいて発達をとらえる。例をあげてみよう。幼児期の「直観的思考」から児童期の「具体的な操作にもとづく思考」への変化は，まさに知的なこころの構造やはたらきが変化したことを意味している。直観（ものの見え方）に左右されていた思考（図1-1）が，具体的なものがあれば論理的に考えることができるように変わるのである。しかも，その変化は突然起きるのではなく，少しずつ連続的に起きるのである。このような現象を心理学では発達と呼ぶのである。

発達は一般に「成熟」と「学習」によって生じると考えられている。成熟とは，環境の良し悪しとはほとんど関係なく，遺伝的に親から受け継がれたものが時間の経過とともに外にあらわれることである。たとえば，背の高さというのは遺伝（成熟）に強く規定されている。親の身長が高ければ子どもの身長も高い。栄養条件などの環境要因は世代間の違いをもたらすことはあるが，同じ世代のなかでの相対的な位置はほとんど変わらないのである。子どもの身長が栄養条件の違いにより親の身長よりも高くなったとしても，子ども世代のなかでは親が身長が低ければ子どもも相対的に低い位置になるのである。

これに対して学習とは，経験の結果生じる比較的永続的な変化のことである。こちらは，たとえば母親が子どもと話をしなかったり，絵本やテレビを見せなかったりして言語的な環境が悪い場合には，言語習得のための良い経験が得ら

コラム 1　「ハイハイ」は本当に必要なのか？

　人間は生後1年から1年半のころ，いわゆる乳児期の終わりごろに「ひとり歩き」ができるようになる。生まれたばかりの赤ちゃんは横たわった状態で生活している。一般にこの状態からすぐに二足歩行ができるようにはならない。発達には順序があり，うつ伏せ寝の状態から，うつ伏せで首が上げられる状態になり，やがてエンコができる状態へと発達していく。徐々にではあるが，確実に二足歩行ができるように発達していくのである。祖母は私が生まれたとき人間は「ハイハイ→つかまり立ち（伝い歩き）→ひとり歩き」という順序で歩けるようになると母に教えたという。わが子もご多分にもれず，たしかにそのような順序で歩けるようになった。

　しかし，衝撃的な報告もある。正高（1995）によると，世界にはハイハイもつかまり立ち（伝い歩き）もせずに，突然，横たわった状態から二足歩行をする赤ちゃんがいるというのである。南アメリカ，ボリビアの話である。ボリビアのいなかでは，赤ちゃんを包帯のような長い布で固い板の上にグルグル巻きにして放置する「スウォドリング」という風習が残っているという。ヨーロッパでもむかしはふつうに行われていたらしい。スウォドリングの状態で，1年から2年子育てをするのである。日に4〜5回は布を交換する。このような状態で育った赤ちゃんがスウォドリングから解放されると，ハイハイやつかまり立ち（伝い歩き）をほとんどせずに，ひとり歩きができるようになるというのである。

　私は「ハイハイ→つかまり立ち（伝い歩き）→ひとり歩き」を発達の順序と思っていた。しかし，どうもそうではないらしいのである。そういえば，わが国でも近年ハイハイをせずに急につかまり立ちをして歩くようになる赤ちゃんの話を聞いたことがある。そのときある先生は「ハイハイができる広い空間がないからではありませんか」と説明していたが，どうもそのような環境要因の影響だけではないことがわかってきたのである。

れないため，言語の習得が遅れるというような例で考えることができる。学習の背景にある環境は変えることができるため，子どもの発達を促すような環境の整備が重要である。

　成熟は「遺伝」の問題であり，学習は「環境」の問題といえる。昔から発達がどのような要因に規定されているかがさかんに議論されてきた。遺伝が重要と考える「遺伝説」，環境が重要と考える「環境説」，双方がともに重要と考える「輻輳(ふくそう)説」や「相互作用説」が提唱されている。輻輳説は遺伝と環境の影響を加算的に考え，相互作用説はそれらの影響を相乗的に考えるという違いがある。遺伝の影響が30％で環境の影響が70％というような考え方は輻輳説であり，遺伝要因は環境要因によって刺激され外にあらわれるが，そのあらわれたことに気をよくして同じような環境要因にはたらきかけてさらに遺伝要因が開花するというような考え方が相互作用説である。相互作用説については，たとえば，きわめて優秀な音楽的才能（遺伝）の持ち主がいつも音楽が流れる家庭（良い環境）で育つことによって音楽的才能が開花し，それに気をよくしてさらに自ら音楽に接しようとすれば音楽的才能はいっそう見事に開花するといった例で理解することができる。現在では，相互作用説が発達を規定する要因を最も合理的に説明できると考えられている。

▶2　発達の原理と発達課題

　発達の基本的な法則をまとめたものが「発達の原理」である。次に示すように8つくらいの原理が知られている。

(1) **個体と環境の相互作用**　すでに説明したとおり，発達は個体（遺伝）と環境の相互作用によって起こる。

(2) **分化と統合**　発達とは未分化な状態から分化した状態になり，さらにいくつかの分化した状態が統合される過程である。たとえば，ものをつかむ動作の発達は指全体でつかむ未分化な状態から親指と人さし指でつかむ分化した状態に発達する。しばらくすると，その行動は指を使うさまざまな行動の1つとして統合される。

(3) 連続性　　発達は連続的な過程である。ピアジェの思考の発達ですでに説明した。

(4) 順序性　　発達には一定の順序がある。たとえば，歩行の発達はわが国ではおおむねハイハイ→つかまり立ち（伝い歩き）→ひとり歩きの順で獲得される。

(5) 方向性　　発達には一定の方向がある。身体の発達は「頭部から脚部へ」という方向がある。身体の割合の変化でみると，生まれた当初は頭部が大きくて4頭身くらいであるが，徐々に脚部が発達しおとなでは7～8頭身になる。

(6) 異なる速度　　発達はいつも同じような速度で進むとはかぎらない。たとえば，スキャモンの発達曲線（身体各部の重量の変化）をみると，扁桃腺やリンパ腺などの分泌組織は10歳くらいまでは急激に重くなるがそれ以後は徐々に軽くなり，20歳くらいでは10歳のときの半分くらいの重さになる。一方，睾丸，卵巣，子宮などの生殖器官は10歳くらいまではあまり変化しないが，10歳を過ぎるころから急速に重くなる。

(7) 個人差　　発達の速度や発達の程度には個人差がある。たとえば，二次性徴は個人差が大きい。女性では初潮の時期がかなり異なる。

(8) 敏感期　　課題によっては発達初期の特定の時期にしかうまく習得できないものがある。たとえば，言語の習得は早い時期が望ましいといわれる。

ところで，発達の各時期には，正常な発達を遂げるために達成されることが期待される課題がある。これを「発達課題」という。発達心理学者のハヴィガースト（1953）は，乳幼児期の発達課題を以下のように9つあげている。

(1) 歩行を開始すること。
(2) 固形食を食べるようになること。
(3) 話すこと。
(4) からだを清潔にしておくこと。
(5) 性の違いを知り，性に対する慎みを学ぶこと。

(6) 生理的安定を得ること。
(7) ものや社会についての簡単な概念を形成すること。
(8) 両親，きょうだい，その他の人と情緒的な結びつきを形成すること。
(9) 善悪の判断と良心を身につけること。

こういった課題を達成することによって，幼児は次の児童期へとスムーズに進むことができるのである。

 読書案内

平山　諭・鈴木隆男（編著）　1993・1994　発達心理学の基礎（Ⅰ・Ⅱ・Ⅲ）　ミネルヴァ書房
大山　正・岡本夏木・金城辰夫・高橋澪子・福島　章　1990　心理学のあゆみ〔新版〕　有斐閣新書
桜井茂男（編著）　2006　はじめて学ぶ乳幼児の心理──こころの育ちと発達の支援　有斐閣
若井邦夫・高橋道子・高橋義信・城谷ゆかり　1994　乳幼児心理学──人生最初期の発達を考える　サイエンス社

2章 ● からだと運動

エピソード
　息子が5歳になる直前に，友だちが自転車の補助輪をはずして乗っているのを見て，突然，自分から「ぼくもはずしてやってみるよ」と言い出してきた。親としてはまだ無理ではないかと思い，もう少し待つように説得したが，彼の固い意志を変えることはできなかった。もちろん彼は，補助輪をはずしてすぐに乗れるはずはなく，何度も倒れ，足に傷跡を残しながらがんばり，とうとう最後には乗れるようになったのである。そのときの彼の自信に満ちた晴ればれとした顔を見ると，思わずこちらもうれしくなってきたことを思い出す。今までできなかったことができるようになった喜びと，友だちに遅れをとらなかったことが息子の自信につながったのであろう。
　幼児は，「ぼく～できるよ」ということの多くを，運動遊び，たとえば，自転車や縄跳びなどをとおして体感している。この時期の子どもたちはからだの発達にともない，今までできなかったことでもできるようになる。子どもたちはできるようになると，また何かに挑戦しようというような気持ちをもち，積極的に自分自身を受け入れるようになる。この「ぼく～できるよ」という気持ちは，子どもの心だけでなく，からだの発達にとっても非常に大切なものである。

> 　乳幼児期という時期は，からだの発達において最も重要な時期である。たとえば，走ったり，投げたり，跳んだりするような人間の基本的な運動のパターンは，幼児期から児童期前期を過ぎた時点ですでに獲得されているといわれている。いいかえれば，この時期までにどのような運動の経験を積んできたかということが，その後の運動行動に影響を与えることになる。
> 　この章では，人間の発達の基礎にある乳幼児期の子どもたちのからだと運動の発達に関する基本的な知見を提供する。まず最初に，ヒトの生物学的な基礎を簡単に概観し（1節），ついで，からだの発達（2節），運動の発達（3節）に関して述べ，最後に，からだの発達と環境とのかかわりについてまとめていく（4節）。

1節　ヒトの生物学的基礎

▶1　就巣性・離巣性と生理的早産

　テレビにウマの誕生場面が出る。生まれたばかりの仔ウマがすぐに立ち上がろうとするシーンが目に入り，「立て，立ち上がれ」といわんばかりに見入ってしまうことがある。

　一般に自然界には，このウマのように出生後すぐに立ち上がり，外敵から身を守る力をもって生まれてくる動物がいる。一方では，ツバメなどの鳥類やネズミなどの下等な哺乳類（げっ歯類）など，出生時は未成熟の状態で出生し，しばらくのあいだは完全に親に依存することでしか生きていけない動物もいる。

　ポルトマン（1951）というスイスの動物学者は，このような出生時の発育状態の特徴から動物を離巣性と就巣性に分類した。彼は，前者のような出生後すぐに立ち上がり，生きるために活動できるような高等な哺乳類などを「離巣性（巣立つ）」とし，後者のように親がいなくては自力で生活できない下等な哺乳類や鳥類などを「就巣性（巣に座っている）」として分類した。

　では，系統発生的に最も高等な哺乳類である人間はどうであろうか。人間は，系統発生的に近い関係にある類人猿などと比較して，生後すぐには自立して生

活する能力をもってはおらず，他の高等哺乳類と同じような離巣性の状態になるのに出生後約1年が必要である。たしかに，人間の脳は受精後9カ月目にはおとなの脳とほぼ同じ外観をもつようになるなど，人間は出生時において完成に近い脳髄や感覚器官をもって生まれてきている。この点では，離巣性の特徴をもっているといえる。

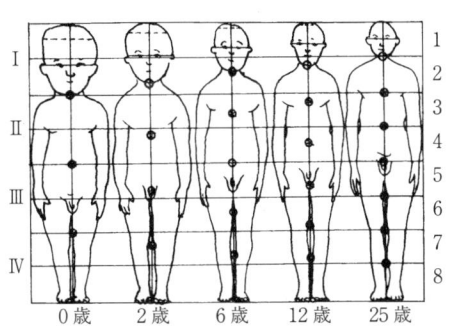

図2-1　身体各部の比率の発達
（シュトラッツ，1922）

ところが，身体の比率（図2-1）や直立姿勢，歩行，言語の使用などという点では，成熟した人間とはかなりの差がみられ，自立して生活していくには未成熟な状態にある。このような点では就巣性の特徴ももちあわせているのである。

　以上のように考えてくると，人間の新生児は離巣性と就巣性の両面をもって出生してきており，乳児期の1年を過ぎるまでは，他の高等な哺乳類と同等の離巣性にはならない。たとえば，人間の本質的な特徴の1つである直立歩行ができるようになるまで約1年が必要である。また，脳の重量は出生後，6カ月までは急速に増加を示すことが報告されている。ポルトマン（1951）はこの出生からの約1年間のことを「二次的就巣性」と呼び，人間は「生理的早産」の状態で生まれてくると考えた。

　このことは，人間は未熟な状態で生まれてくるために，その成熟には出生後の環境の影響を受けやすいことを示唆している。つまり，この時期にどのような環境に置かれたかということが，その後の発達において大きな意味をもっており，乳幼児期における環境の重要性が指摘される。

▶2　脳と神経の発達

　まず，受胎後の脳の外観の変化についてみる。津本（1993）によると，脳は，受精後，細胞分裂を繰り返し，受精後18日くらいで脳の原基（げんき）があらわれ

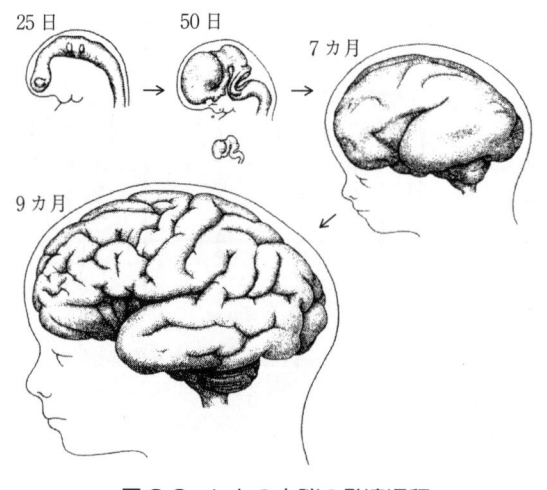

図 2-2　ヒトの大脳の発達過程
（コーワン，1979 を一部修正）

る。この時期では胚子（胎児）はまだ全長約 2mm で細胞分裂を活発に繰り返し，さかんに増殖している。また，神経誘導（このメカニズムについてはまだよくわかっていない）という働きによって胚子表面の特定の部分が脳や脊髄の原基としてつくられていく。50 日目を過ぎると大脳半球があらわれはじめて，その後大脳半球が大きくなっていき，外観も脳らしくなる。7 カ月目になると大脳皮質の特徴である皺があらわれ，9 カ月目に入ると正常なおとなの脳と同じ外観になる。また，脳重量は 4 カ月目で 20 〜 30 グラムであるが，5 カ月目からは急激に増加し，出生時には 400 グラム程度にまで増える（図 2-2）。出生後，脳の重量は生後 6 カ月まで急速に増加する。この後の発達は緩やかで，2 歳までに成人の脳の重量の 75％になり，6 〜 7 歳で 90％，10 歳で 95％に達するといわれている。

　脳の細胞には 2 種類の細胞がある。1 つはニューロン（神経細胞）と呼ばれ，インパルスや信号を受けたり，送ったりする。もう 1 つはグリア細胞と呼ばれ，神経細胞に栄養を供給したり，神経細胞の働きを支える役割などをしている。生後の脳重量の増加は，ニューロン数の増加というよりは，グリア細胞の増加や神経細胞の突起の増加によるものが中心である。ニューロンは中心が細胞体でそのなかに核があり，この細胞体から四方八方に伸びているものを樹状突起，1 つだけ長く伸びているものを軸索と呼んでいる（図 2-3）。この樹状突起はまわりの神経細胞からインパルスを受け，軸索はインパルスを神経細胞

へと送っている。このように樹状突起や軸索をとおしての神経細胞のコネクションの発達が脳の機能的な成熟を意味している。この軸索は、胎児期後半から乳幼児期にかけて髄鞘（ミエリン鞘）と呼ばれるもので覆われていく。この過程を髄鞘化と呼ん

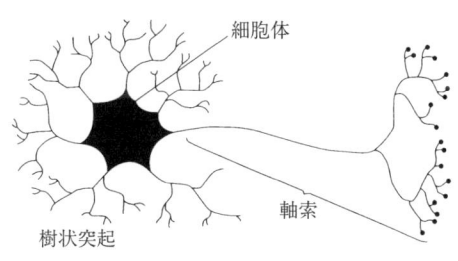

図 2-3 ニューロンの構造
（ジグラーほか、1993）

でいる。この髄鞘（ミエリン鞘）ができることで神経はインパルスを効率的に運ぶことができるようになる。この髄鞘化の時期は脳の部分によって異なるが、ピークになるのは生後6カ月ごろといわれている。

　このように、脳は胎児期から乳幼児期にかけて急速に発達していく。特に、生後の神経細胞間のコネクションは人的、物的な環境との関係をとおして発達し、より複雑になっていく。その意味で、乳幼児期の人的・物的な環境は脳の発達に大きな影響をおよぼすのである。実際、幼少期の経験または生育環境は、子どもの脳の発達に関して大きな影響を与えていることが報告されている。たとえば、幼少期に受ける虐待はその後の脳の発達に大きな影響を与えるといわれており、幼少期に虐待を受ける環境で育つと、記憶などと関連のある脳の海馬という箇所の体積が少なくなり鬱病への耐性を低くしているという報告もある（Vythilingam et al., 2002）。

2節　からだの発達

▶1　体型・体格の発達と発達の方向性

　誕生後、子どものからだは、徐々に成人のからだへと変化していく。たとえば、からだの比率（プロポーション）は0歳で4頭身だったものが、6歳では6頭身になり、成人の8頭身へと近づいていくのである（図2-1）。このことは、

いいかえると，成人と乳幼児期の子どもたちの体型は同じではないことを示している。このため，成人なら簡単にできる動きでも，子どもではかなりむずかしい動きになってしまうことがある。たとえば，幼児では頭が大きいため，前回りなどの場合にどうしても頭がつかえてしまい，おとなのようなスムーズな回転は生まれにくいし，また，転んだりした場合には，頭にけがをしやすい。

体型の発達と同時に，体格も発達する。特にここでは身長，体重についてみていく。生後1年までに身長と体重は急速に直線的に伸び，出生時に比べて6歳で身長が約2倍に，体重が約6倍になる。このような体型や体格は環境の影響を受けにくいといわれているが，かなり劣悪な環境に置かれるとこれらの発達に悪影響がみられるという報告もある。

また，身体の発達の方向性として，「頭部→尾部」方向と「中心→周辺」方向の2つがある。「頭部→尾部」方向は，頭から爪先へと発達する方向性で，胎児期の発達過程においてもみられる。最初に頭が発達し，続いてからだが発達していくのである。たとえば，直立歩行へと向かう準備運動においても，首がすわることがまず最初で，順次胴体，四肢へと発達が進むのである。もう1つの「中心→周辺」方向は，人のからだの中心（体軸）に近いところから末梢（手先，足先）の方向へ発達していく方向性である。たとえば，赤ん坊は腕の運動ができるようになってから，手や指の運動へというように，しだいに細かい運動ができるようになっていくのである。

▶2　骨の形成

体型・体格の発達と同時に，その枠組みでもある骨格が形成されていく。骨格を形成している骨は，骨化といって柔らかい軟骨の部分が硬くなっていく過程を繰り返し，形成されていく。また，出生時の手足の骨は主要部分があるだけであるが，成長にともない，骨の数が徐々に増え，形も変えながら成人のような複雑な組みあわせになっていく（図2-4）。このことは，体型と同様に，乳幼児の骨格は成人の骨格と同じではなく，成人の骨格のミニチュア版ではないことを示している。骨格からみた年齢は骨化年齢と呼ばれ，発達の指標として

も使われている。

　さらに，骨の発達に応じて徐々に，身体の動きもより巧みな動きへと変化していく。たとえば，食事のとき，最初はフォークやスプーンを使っていた幼児が4〜5歳になると「箸」を使いはじめるようになる。この動きも細かい手の骨が形成されているからこそ可能になるのである。乳幼児期は，骨格の形成途上にあり，形成に応じて動きが成長していくため，形成の障害になるような無理な動きをさせることは後の発達にけっして良い影響を与えない。

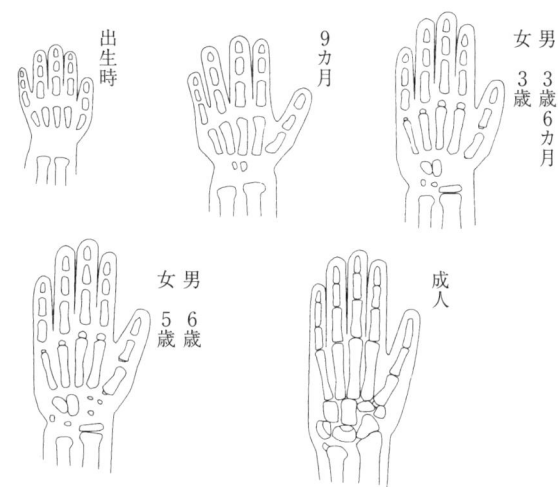

図2-4　骨成熟度（骨化年齢）の評価基準模型図
（朝比奈・中川，1969を一部修正）

3節　運動の発達

▶1　運動能力・動きの発達

　ここでは，乳幼児期の運動の発達を運動能力の発達からとらえていく。まず，第1点は運動能力の構造である。成人における運動能力は一般に，瞬発力，筋力，敏捷性，平衡性，柔軟性，協応性，持久力などに分化してとらえることができるが，幼児の運動能力は，成人のように細かく分化しておらず，未分化の状態にあるのが特徴である。そのため，運動を行うために，成人が持久力や筋力といった細かい運動能力を使用するのに対し，幼児では1つの身体的活動に

図2-5　運動能力の構成（杉原，2000）

すべての運動能力を総合的に使うことができるのである。

　次に質的な側面から，運動能力を動きの獲得とつながる「運動コントロール能力（運動調整力）」と，運動を行うためのエネルギーを生産する「運動体力」に分けて考える（図2-5）。「運動コントロール能力」とは，動きをつくり出す能力であり，主に中枢神経系でつくられている。一方，運動を行うためのエネルギーを生産する「運動体力」は，主に筋肉や心臓・肺などで形成されるものである。これら2つの能力はそれぞれ発達する速度が異なっており，「運動コントロール能力」は主に幼児期・児童前期に急激に発達し，エネルギーを生産する「運動体力」はそれ以後に急速に発達する。そのため，幼児期は，「運動体力」のようなエネルギーを生産することより，「運動コントロール能力」の発達にともない2つ以上の動作の組みあわせや運動をうまくコントロールしていくような動きをつくり出すことに敏感な時期であるといえる。つまり，この「運動コントロール能力」が幼児期には急速に発達するのである。

　さらに，幼児の自由遊びにおける動きを観察すると，おとなで一般にみられるような動き（基本的運動パターン）がこの時期の子どもたちにはすでにあらわれているという報告がある（石河ら，1980）。このことは，生後6～7年には，すでにおとなと同じ基本的運動パターンに達していることを示し，この時期までの運動経験が後の運動発達に与える影響が示唆されている。その意味から，幼児期は偏った運動経験をするよりも，むしろ多様な運動を経験することによって多くの動きを獲得することが大切であり，この時期の子どもたちに

とってはある特定の運動の繰り返しになってしまうスポーツよりもむしろ多様な運動経験を含む運動遊びのほうが適しているといえる。

図2-6は，杉原ら（2007）がこれまで半世紀にわたって行ってきた幼児の運動能力検査 ｛東京教育大学体育心理学研究室作成：25m走（走る能力），立ち幅跳び（遠くへ跳ぶ能力），ソフトボール投げ（上手で遠くへ投げる能力），体支持持続時間（精神面も含めてのがんばる能力），両足連続跳び越し（両足で調子よく連続して跳ぶ能力）｝ の時代推移を示している。この結果では，1986年の調査を境に運動能力が低下傾向を示し，現在は低下した状態で安定していることがわかる。

運動能力の種目のなかで，1986年以降低下傾向にあるのが体支持持続時間である。この種目はがんばる能力を測定するものであり，この種目が低下しているということは，子どもたちの粘り強さや目標設定する能力の低下など精神力が低下していることを示唆している。また，男児のほうが女児よりも優れている種目にソフトボール投げがある。この種目で性差が生じる原因の1つには，

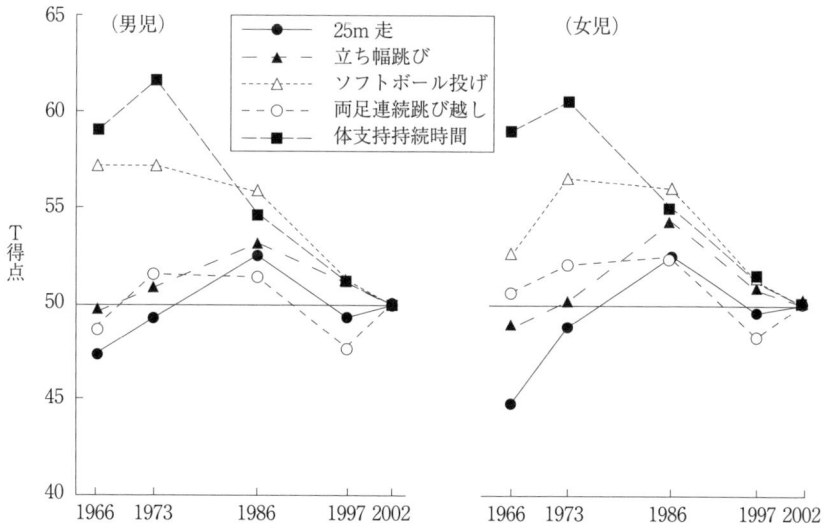

図2-6 T得点であらわした幼児の運動能力の時代変化（杉原・近藤・吉田・森, 2007）

経験の差が考えられる。たとえば、ボールを使った遊びなどで投げるという経験は、男児のほうが女児よりも遊びのなかで豊富に経験していることが考えられる。

▶2　運動と精神発達

　以上論じてきたように、乳幼児期においてどのような運動経験をするのかということが運動の発達に関して重要になってくる。この経験は運動の発達と同時に精神的な発達にも影響をおよぼしてしまう。ここでは、精神的な発達のなかでもパーソナリティの発達との関連に着目して概観してみたい。

　幼児期は、自分自身についてのイメージや評価である自己概念が形成される時期である。この自己概念はパーソナリティの中核になるもので、環境要因との相互交渉や経験をとおして形成されていくものである。そのため、この時期にどのような環境のもとで、どのような経験をするかがその後のパーソナリティ形成に大きな影響を与えるといっても過言ではない。

　この重要な経験の1つに運動経験がある。幼児期においては運動経験をとおして、幼児は自分自身で何ができるかを認知することができるようになる。つまり、ある運動に対して「ぼくは〜ができるんだ」というような運動に関する有能感を認知するようになる。この有能感の形成が、その後、いろいろなことに積極的、活動的に取り組んでいこうとするような行動傾向になり、さらに安定した自己概念の形成につながっていくのである。そのため、どのような運動経験をするかがその後のパーソナリティ形成にとって重要なことになる。その意味で幼児には「ぼくは〜ができるんだ」というような経験をより多くもたせるような機会をつくる必要がある。

4節 からだの発達と環境──生態学的アプローチから

▶1 からだの発達と環境

これまで，乳幼児期のからだや運動能力の発達についてみてきたが，子どもの行動はそれらのみで決定されるわけではない。環境側の物理的要因や，行為の主体がそれをどのように認知するかという認知要因など，それら要因が相互に影響しあいながらさまざまな行動が生み出されてくる。ここでは，環境側に焦点をあてて子どもの行動や遊びの変化を説明しようとする「アフォーダンス」という新しい考え方をみてみよう。

アフォーダンスとは，ギブソン（1979）によってつくられたことばである。佐々木（1994）によれば，環境が人に与える価値ある情報であり，環境のなかにある物がそれを見ている人に提供する行為可能性についての情報である。たとえば，滑り台のスロープは滑ることができると，それを見ている人に思わせるという意味で，滑るというアフォーダンスがある。階段は一段一段昇り降りする，数段おきに昇る，一気に飛び降りるなどの行為可能性があり，アフォーダンスがあるといえる。

3段ほどの階段の上に立って下を見ている3歳児の行動について考えてみよう。この子が次に起こすであろう行動は自然と予測がつく。つまり，一歩ずつ階段を降りてくるか，あるいは思い切って3段下まで飛び降りるかである。このとき，この階段が6段になったらどうであろう。たぶん，この子は飛び降りることをやめるであろう。このような行動の変化をアフォーダンスの考え方からみると，3歳児にとっての3段の階段は飛び降りるというアフォーダンスがあり，実際に飛び降りることを導き出したが，6段の階段は飛び降りるというアフォーダンスがないために，飛び降りることを導き出さなかったと解釈される。

乳幼児期の子どもたちのからだや運動は急速に発達するが，それらは体格や

コラム2 さまざまな知性

　運動のなかにも知性が存在しているというと，何となく違和感を感じてしまうかもしれない。たしかに，これまでの知性および知能（IQ）の話は運動とは全く別の世界の話のように扱われてきたような感じがする。

　しかしながら，NBAのマイケル・ジョーダンやオリンピックの金メダリストのような超一流の運動選手のプレーには，凡人であるわれわれには感じられない世界や，経験によって獲得された超一流の美技がある。この超一流選手のもちえているもの，このなかに運動に関する知性があるのではないだろうか。

　知性の問題に関しては，ゴールマンの著書『EQ――こころの知能指数』という本が話題になった。しかしそれ以前に，ハワード・ガードナー（1983）は，これまでのIQ至上主義に対して知性には「多重性」があると考え，多重知性モデルを提唱している。

　彼は，このモデルに従って，従来の知能に相当する「言語的知性」と「論理数学的知性」，建築家や芸術家のもつような対象の空間関係の知覚や記憶などのような「空間的知性」，一流の作曲家や演奏家がもちあわせているような音楽の知覚や理解，記憶などの「音楽的知性」，すぐれたセラピストや世界的な指導者がもちあわせている能力である「対人知性」と人間の内面に対する際立った洞察力などの能力である「心的知性」，そして身体の姿勢や運動場面での予測や判断，過去にやった運動の記憶などの「身体運動的知性」，の7つの知性に大別，分類している。

　ガードナーのこの分類に従えば，運動には運動独特の知性があり，われわれは運動の経験をとおしてこの運動に関する知性を獲得しているのである。

運動能力という主体側の変化だけでなく，環境が彼らに提供するアフォーダンスの変化がともなわれている。つまり，"からだ"が発達するということは個体内の変化だけではなく，まわりの環境との相互作用がその年齢にふさわしい形に変化していくことを意味している。乳幼児期においては，物の多様なアフォーダンス，すなわち多様な行為可能性を十分に経験することができるように，豊かな環境を構成することが重要である。

▶2　幼児の遊びと環境

　ブランコこぎの様子を観察すると，3歳の子どもは主に座りこぎだけをするが，5歳の子どもでは立ちこぎや2人こぎをする。このようなことは，公園や幼稚園などにあるいろいろな遊具でも同様にみられることである。

　年齢によって子どもたちの遊び方は異なってくる。このことは，遊具それ自体が変化したのではなく，成長にともない子どもたちの"からだ"が変化してきたために，自然とその遊び方が変わってきたからである。たとえば，先ほどの例では，ブランコのこぎ方に関して3歳の幼児は座ってこぐことによってブランコのこぎ方を楽しむが，5歳になると立つことによってより楽しめるようになる。いいかえれば，ブランコのこぎ方において，3歳の子は座ってこぐことを導き出しており，5歳の子は立ってこぐことを導き出しているのである。

　このように，幼児の遊びの発展においては，からだの成長と環境との相互作用が重要な役割を演じていると考えられる。環境との相互作用によって脳内のシナプスが増加し，脳を発達させ，そのことが遊び方の変化へとつながっていくのである。

📖 読書案内

岩崎洋子（編）　1999　子どもの身体活動と心の育ち　建帛社
ガラヒュー，D.L.　杉原　隆（監訳）　1999　幼少年期の体育——発達的視点からのアプローチ　大修館書店
ブレイクモア，S.J.・フリス，U.　乾　敏郎・吉田千里・山下博志（訳）　2006　脳の学習力——子育てと教育へのアドバイス　岩波書店

3章 ● 知覚

エピソード

　T市に住む小学5年の和子ちゃん。学校から帰宅してすぐさま，今日不思議なことがあったとお母さんに話す。音楽の授業で教わったある曲が練習もしないのになぜかすらすら鼻歌で歌えるのだという。曲はバロック調のクラシック。それを聞いていちばん驚いたのはお母さんだった。なぜなら，和子ちゃんがまだお母さんのおなかのなかにいるころ，そのリズムがおなかの子にいいとある人から聞き，毎日のようにお母さんが聞いていた曲だったからだ。

　「胎教」のおかげ？　と思った人もいるかもしれない。残念ながら，和子ちゃんがおなかのなかにいたころだけ聞いていたという証拠はない。もともと人の発達は，こうだったからこうなったというような因果関係で，ひと口で説明できるほど簡単なものでないから，「胎教」のおかげといいきるのはむずかしい。しかし，生後まもなくでさえ聴覚はほとんど発達していないと考えられていた数十年昔を思うと，和子ちゃんの出来事はそれほど不思議でなくなりつつあることに注目したい。

　近年の研究技術の進歩により，乳児，新生児，そして胎児に関する研究が飛躍的に前進し，その結果，それ以前に考えられてきた以上に，胎児期から有能であることがわかってきているのである。

私たちは，見たり，聞いたりなどして，外界の情報を処理しながら判断し，適切に行動しようとする。知覚とは，適切な行動をとるための，いわば最も基礎的な情報処理のはたらきである。
　「知覚」と類似したことばに「感覚」がある。知覚は，感覚されたものの理解であるので，両者を区別して使う場合もあるが，本書では特に区別しない。
　前述したように，つい最近まで子どもは生まれてしばらくは目も見えず，耳も聞こえないと考えられていた。近年の研究が飛躍的に発展している背景には，新生児研究や未熟児研究の発展による功績が大きいことを付け加えておこう。

1節　知覚とは

▶1　知覚の定義

　知覚とは，周囲の刺激から感覚器官をとおして情報を得たものである。たとえば，目や耳や舌や鼻や皮膚にある感覚器官をとおして情報を得たもの，すなわち，いわゆる五感と呼ばれる視覚，聴覚，味覚，嗅覚，皮膚感覚が代表例である。他に空間の知覚や図形の知覚などのようにさまざまな知覚がある。
　知覚は，生まれながらにもともと備わっていると考えられる先天的な感覚能力と経験によって成立していく。幼児期の知覚は，主観的で未分化であることが特徴であるが，その発達は著しく，幼児期の終わりごろには成人の知覚にほぼ達するといってもよい。

▶2　原始反射からみる感受性

　外界の刺激に対して，出生直後からみられる適切な行動もいくつかある。これらの行動は原始反射と呼ばれ，生命維持のために必要で，かつ，その後の行動の基礎をなしている。表3-1は，新生児の反射の分類である。
　たとえば，新生児の目に光をあてると，瞳孔反射，驚愕反射，心拍などの変化がみられることから，新生児に光（明暗）に対する感受性が備わっているこ

表 3-1 新生児の反射の機能的分類 (ケッセンほか, 1970)

	反射	喚起刺激	反応型
I 順応と生存を促進する反射	瞳孔反射*	光	瞳孔の散大・収縮
	四方反射*	頬に軽くふれる	ふれられた方向への頭の運動
	驚愕反射	大きな音	ひじを曲げ手足を握る
	泳ぎ反射	うつむけて水につける	腕と脚の運動
II 関連する動物種の能力と結びついている反射	匍匐反射	脚を床につける	腕と脚は床につけ, 頭を上げる
	屈曲反射	足のうらへの圧	不随意的な脚の屈曲
	把握反射	指または掌への圧	指を握りしめる
	モロー反射	頭を上げてあおむけにねかせ, 急に頭の支えをはずす	両腕を広げ, 頭をそらし, 指を広げ, 腕を身体の前で交差させる
	跳躍反射	身体を垂直にし, やや前傾させる	両腕を前方に伸ばし, 脚を直立させる
	歩行反射	腋下で身体を支え, 床に立たせる	律動的なステップ運動
III 機能不明の反射	腹部反射	触刺激	腹部の不随意的収縮
	アキレス腱反射	アキレス腱の打叩	脛筋の収縮と脚の下方への屈曲
	バビンスキー反射	足のうらを軽くさする	つまさきを伸ばし, 指を広げる
	頭緊張反射	あおむけにねかせ, 頭を横に向ける	頭の回転方向にある腕と脚を伸ばし, 他側の脚と腕は屈曲

＊瞳孔反射，四方反射などを含め，刺激を同調させる反射グループを「定位反射」と呼ぶ。

とがわかる。このように，不快な刺激を避け，快の刺激を選択しながら，反射的反応から，より分化した複雑な反応へと発達していくのである。

原始反射は，神経系の異常がある場合には，あらわれなかったり，消失すべき時期になっても残ることがある。したがって原始反射は，中枢神経の成熟を知る手がかりにもなる。

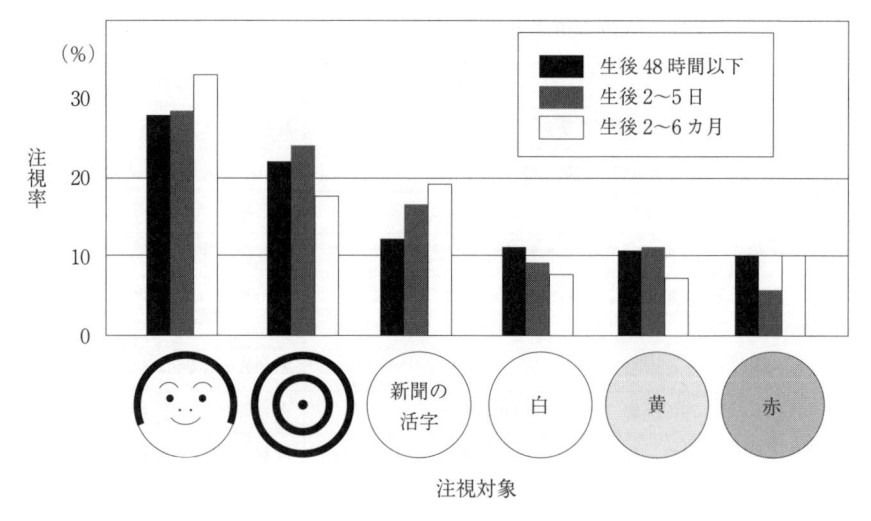

図 3-1　図形パターンに対する乳児の好み（ファンツ，1961）

▶3　知覚の構造化

　知覚が発達する過程において，弁別力はある決まった方向に鋭くなっていく。たとえば，図形パターンの知覚についてみてみよう。

　ファンツ（1961）は，さまざまな図形を乳児に見せたとき，どの図形を長く注視するかを調べている。その結果，2～6カ月の乳児でも図形のパターンによって注視時間が異なるという（図3-1）。このことは，図形のパターンの弁別ができることを意味している。その後の研究結果からは，無地よりも輪郭がはっきりしているもの，パターンは単純なものよりも複雑なもの，さらに，複雑なものでも人間の顔のように形が整っているものに対して，より注意が引きつけられることがわかっている。

　このように，かなり早期からそのような知覚が発達しているだけでなく，複雑な刺激のなかから，特定の刺激に対し選択的に注意を向けるようになっていくことがわかる。

2節　感覚機能の発達

▶1　味覚

　新生児が，少量でもコーヒーのような苦味はいやがり，砂糖水のような甘味は好むことを示す報告は多い。また，塩味，酸味の区別もできる。

　クルックとリプシット（1976）は，生後48〜72時間の新生児に対して甘さの弁別実験を実施している。新生児がおしゃぶりを1回吸うごとに5％濃度のショ糖液が出てくる場合と，15％濃度のショ糖液が出てくる場合とを比較した結果，5％濃度のほうがおしゃぶりを吸う速度が速く，15％濃度のほうが心拍数が多かったという。この結果は，より甘い味に興奮し，それをゆっくり吸っていると解釈され，新生児に甘さの弁別が可能であることを示している。

▶2　嗅覚

　新生児に母親の母乳のしみこんだパットを近づけると，パットのある方向に頭をふりむける。このように，母親の母乳や体臭については特に感受性が高いことが確かめられている。

　成人が示すような，不快なにおいと快のにおいの区別も可能である。

　スタイナー（1979）は，さまざまなにおいをしみこませた脱脂綿を新生児の顔に近づけ，その反応を調べた。その結果，腐った卵や腐ったエビのにおいに対して嫌悪を示す表情を見せ，バター，バニラ，チョコレート，果物などのにおいに対しては満足した表情を見せたという。強いにおいには敏感であるが，うすいにおいには鈍感であるという報告もある。

▶3　聴覚

　未熟児研究などから，胎児期の8カ月ごろからその機能が認められることがわかっている。

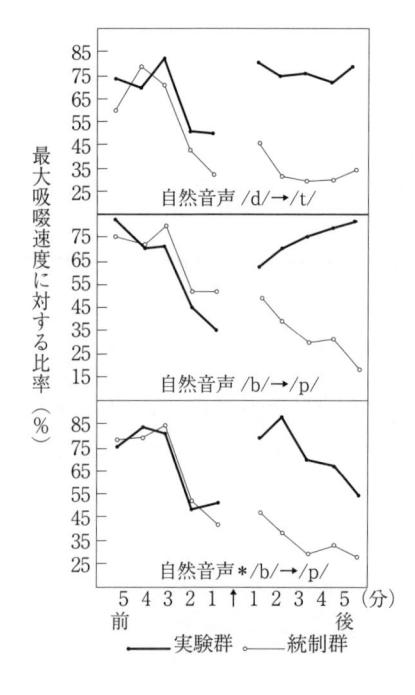

1〜2カ月の乳児を用いた結果である。吸啜反応で弁別能力を測定した。実験は全体で10分間とした。実験群に対しては，前半で5分である音声（たとえば /d/）を聞かせ，後半の5分では別の音声（たとえば /t/）に切り替えた。統制群に対しては，音の切り替えを行わず，同じ音を10分間与えた。その結果，統制群は同じ刺激に対して吸乳反応はしだいに弱まった（馴化）が，実験群は5分後の新しい刺激に対して吸啜速度がいちじるしく増加した。つまり，乳児は前後して与えられた2種の子音を明らかに弁別したといえる。

*談話合成器（speech synthesizer）によって人工的に合成された音声。

図 3-2　新声音を与えた時の乳児の吸啜反応の変化
（トレフーブとラビノヴィッチ，1972）

　図3-2は，新生児に異なる音声を与えたときの吸啜反応を調べたものである。dという音の後にtという音を与えられた乳児と，dという音だけを与えられた乳児とでは，吸啜反応が異なっている。この結果は，生後1〜2カ月でもすでに音声を弁別できることを示している。

　また，3カ月児で母親の音声と修正した音声を区別することができ，9カ月までに母親の音声と他人の音声とを区別するという報告は，音声の弁別力を示している。この他，他人よりも母親の音声，ふつうよりも高ピッチで抑揚のある音声，外国語よりも母国語に反応する選択的弁別も確認されている。

▶ 4　視覚

a　追視

　眼球の構造は，出生時からほぼ成人に近い。凝視は生後数時間からできるよ

うになる。

生後1カ月では視点を移動させることができる。生後2カ月になると，凝視している対象が移動すると，それを追って視線を移動（追視）させることができるようになる。

b　明るさの知覚

瞳孔反射は中程度の明るさの光にだけ生じ，太陽の光や日常生活にある光に対しては持続的な凝視が生じる。明るさの変化に対する感受性は高い。

c　色の知覚

成人が不快と感じる色より，快と感じる色に対するほうが凝視時間が長いという報告から，乳児でも色の区別ができると考えられる。

d　形の知覚

視力の研究によれば，新生児で0.02，2カ月児で0.05前後という報告がある。生後4日目で30cmの距離から視力0.04を測定できたという研究もある。前述したファンツの実験からも，生後数カ月からかなりの視覚能力を発揮していることがわかる。メルツォフとムーア（1983）は，生後72時間以内の新生児が，おとなの表情（口開け，舌出し）に対して模倣を示すことを報告している（この結果が必ずしも模倣といえないとする議論もあるが，ここではふれない）。このように近い距離の識別力はきわめて高い。しかし，網膜に鮮明な像が結ばれるようになるのは1歳ごろであると考えられている。

▶5　奥行きの知覚

ウォークとギブソン（1967）の視覚的断崖装置による実験では，6カ月ごろから断崖を恐れるようになることが示された（図3-3）。彼らによれば，その手がかりは奥行き知覚をつかさどる運動視差にあると推測されている。すなわち，6カ月ごろから奥行きが知覚できるということである。

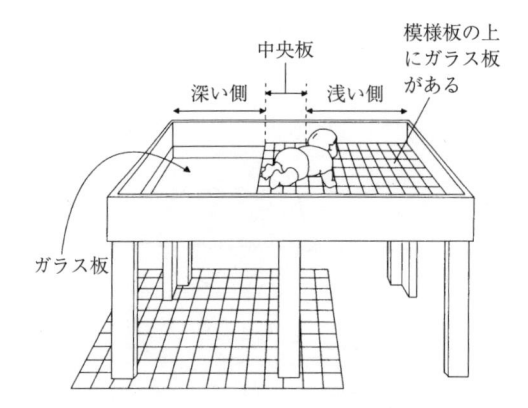

透明なガラス板が張られているので、乳児は浅い側と深い側のどちらでも移動可能ではあるが、乳児が見ることができる床の模様板までの距離が異なる。このような奥行き（深さ）の違いを乳児は知覚できるかどうかを調べるために、この装置は考案され、深さを知覚できるなら断崖を乗り越えて深い側へと移動はしないはずだと考えた。

図3-3　視覚的断崖の装置（ギブソン，1967）

3節　乳幼児の知覚特性──未分化から分化へ

　乳幼児の知覚は、短期間のうちにほぼ成人の水準に達するが、まだ未分化である。相貌的知覚や共感覚といった現象がその特性を示している。以下に、分化に向かう過程で、特に幼児期にみられる特性を概観してみよう。

▶1　知覚の相貌性

　幼児は自分の世界と他人の世界を区別することができないために、主観的で感情的な見方をしがちである。このような主客未分化知覚の特徴を、ウェルナーは「相貌的知覚」と呼んだ。この特徴は、たとえば、割れたビスケットに対して「ビスケットはかわいそう」などと発話することなどにみられる。

▶2　部分と全体の未統合

　図形を記憶する教示を与えたときの眼球運動を測定器（アイカメラ）で記録すると、3歳児では輪郭をとらえようとしないのに対し、6歳児では輪郭を追っ

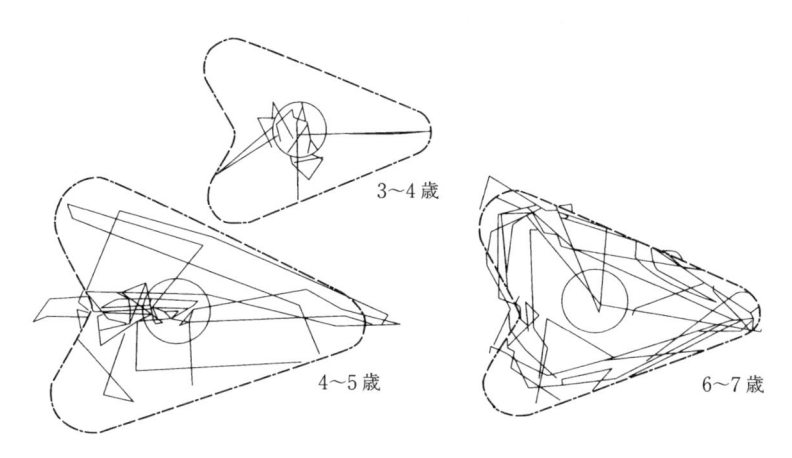

図3-4 視覚的な形を走査しているときの，眼球のパターンの年齢変化
(サポロジェッツ，1965)

て全体をとらえようとすることがわかる（図3-4）。また，「果物でできた人形」をさして何であるかを問うと，「果物でできた人形」と答えられるようになるのは8～9歳になってからで，4歳児では「果物」の名前か人形とだけ答える傾向にある。これらは部分と全体が幼児期においてはまだ未分化であることを示している。

▶3　共感覚

赤い色を見て暖かさを感じる，高音を聞いてすっぱい感じがする，といった現象を「共感覚」と呼ぶ。別の感覚器官の知覚が生じるのは，感覚モダリティ（感覚様相：感覚印象によって分類された感覚）が未分化なためである。幼児には成人よりこの現象が多くみられる。

▶4　対象の永続性の知覚

生後2カ月ごろの乳児でも，同じものに対しての注視時間と，異なるものに対する注視時間に差がみられるという。これは，一度見たものに対する慣れが生じたからであるが，いいかえると，再認的記憶のはじまりである。

コラム3

胎教は有効か？

　アメリカのカリフォルニア州に住む4人姉妹全員が，知能指数160を超えているという話題が日本にも届き，一家の名前にちなんだスセディック流胎教がブームを呼んだのは，もう30年近く前だろうか。国際結婚もめずらしくない今日，日本人女性とアメリカ人男性のあいだにできたお子さんだということをあえて記す以外，両親はその娘たちのような飛び級も経験していない，いたってふつうの人たちである。まして4人ともとなれば，育て方が良かったにちがいないとみんなは考える。そうして話題の中心となった母親のジツコ・スセディックさんは，里帰りを兼ねて，当時たくさんの日本のテレビ番組に登場していた。

　ジツコさんが紹介したカードや歌を使った「胎教」は本になり，育児教室になり，今でも日本のどこかで授業料をとって行われていると聞く。ブーム当時おなかにいた子どもたちは今どうなっているのだろう。とても関心があるのに，その後を知らせるブームはまだきていないようだ。

　ブームがこないのもわかるような気がする。マスコミは，カードや歌や妊娠期間の過ごし方を細かく強調していたが，ジツコさんは「かわいいあなたに早く会いたい，という愛情を伝えて」と言っていた。大事なことを見落としてしまったのではと思うのは推測のしすぎだろうか？

　思い出してみると，穏やかに安定した毎日を過ごすことが大切だというメッセージは，日本のことわざにも多くある。「妊婦が火事を見ると生まれてくる子どもに赤あざができる」とは，妊娠中の心配ごとや興奮が胎児に良くないことの言い伝えであろう。「胎教」に妊婦の精神的・心理的安静を保ち胎児にいい影響を与えるという意味があるのは，古くは中国のことばからきたらしい。あたかも誕生した子どもと同じく胎児の有能さを信じたことばである。

　もうすぐ3歳になろうという子どもが，母親が妊娠中に行った温泉のことを知るはずもないのに，「そのお風呂気持ち良かったよ。お母さん，その後ラーメン食べたでしょ。ぼくしょっぱかったよ」と言った話を聞いた。小学校に通う今ではそのことはもう記憶にないらしい。これも興味深い話である。

　現在わかっているよりも知覚が優れている可能性は大いにあるものの，それが胎児期の記憶なのか，無意識のうちに母親が話していたせいなのかは，今のところわからない。いずれその答えが出る日もそう遠くないだろう。

1. 物が隠れている左の
   カップを見ている。
2. それを取り出すこと
   ができる。
3. また，物が隠れている
   左のカップを見ている。
4. また，それを取り出す
   ことができる。
5. 今度は物が隠れている
   右のカップを見ている。
6. 左のカップを探して，
   空っぽなので驚く。

図3-5　6カ月までの乳児は隠れているものはいつも同じところにあると思っている
（バウアー，1979）

しかし，生後6カ月ごろまでの乳児は，物体が視野から消えても，それを探そうとしない。これは，「対象（もの）の永続性」（知覚の場に存在しなくても対象は存在し続けるということ）が形成されていないからだと考えられる（図3-5）。たとえば，イナイ，イナイ，バアを喜ぶ乳児は，対象の永続性が成立しているといえる。対象の永続性は，日常経験とともに形成されていく。

▶5　方位の知覚

方位の知覚は，それほど発達していない。絵本をさかさまに読んだり，鏡映文字のように字を反対向きに書いたりすることがあるのはそのせいである。幼児期には，上下の混同は少ないが，左右の混同が多い。方位知覚の完成は7〜8歳ごろといわれている。

▶6　知覚の恒常性

物体が近くにあろうと遠くにあろうと，同一のものであれば同一に知覚する傾向のことを，「知覚の恒常性」と呼ぶ。大きさの恒常性は2歳児でもおおか

た獲得されている。形，色，明るさの恒常性の獲得は，幼児期を過ぎてからである。

読書案内

バウアー，T.G.R. 1974 岡本夏木ほか（訳） 1979 乳児の世界——認識の発生・その科学　ミネルヴァ書房
バウアー，T.G.R. 1989 岩田純一ほか（訳） 1995 賢い赤ちゃん——乳児期における学習　ミネルヴァ書房
下條信輔　1988　まなざしの誕生——赤ちゃん学革命　新曜社
山口真美・金沢　創（編） 2008　知覚・認知の発達心理学入門——実験で探る乳児の認識世界　北大路書房

4章 ● 認知と思考

エピソード

　子どものころのいちばん古い記憶を思い起こしてほしい。それは，いつごろのもので，どのような内容だろうか。最も古い記憶について調査をすると，おおよそ3歳ぐらいまでしか遡(さかのぼ)ることができない。幼児期健忘と呼ばれる現象である。また，記憶の内容も断片的なものが多い。乳児期は記憶できないのであろうか。

　幼児は一般に，おとなよりも記憶力が弱いように思われる。しばらく会わなかっただけで顔を忘れられてしまうこともある。一方，おとなの記憶に残らなかったようなことを憶えていて驚かされることもある。幼児の発言を聞いていると，大変つたないと感じられるときもあれば，大変新鮮に感じられることもある。

　こうした現象の背景には，子どものまわりの世界のとらえ方，認知・思考の発達的な変化がある。そして，乳幼児期の認知・思考の特質が，おとなとは質的に異なっているのである。

エピソードで紹介したように，子どもは発達にともない，まわりの世界のとらえ方，考え方が質的に変化していく。本章では，そうした認知，思考の発達について解説する。
　まず，1節では「認知」について説明し，2節では子どもの思考の発達的変化をピアジェの研究を手がかりに解説する。思考の基礎には記憶があり，記憶機能と思考とは密接に関連している。そこで，3節で記憶機能の発達を概観し，4節では思考の発達と記憶機能の発達とのかかわりを考える。

1節　認知とは

　知覚，学習過程，記憶，思考などの外界をとらえるはたらきを総称して認知という。近年では，こうした認知のはたらきを情報処理の過程として研究する「認知心理学」の視点から，子どもの認知発達についても研究されている。
　ところで，認知の各過程はそれぞれ明確に独立した過程ではなく，どこまでが知覚で，どこまでが記憶でというように厳密に区分することはできない。むしろ，各過程相互に密接な関係をもっている。たとえば，文章を読んで何らかの判断をする場合でも，文字の形をとらえること（知覚）や読んだ文を記憶することが，判断過程（思考）の基礎になっている。
　本章では，乳幼児期におけるこうした認知の過程について解説するが，知覚については3章に譲り，思考過程とその基礎となる記憶の過程を中心に扱う。

2節　乳幼児期の思考の発達

　認知機能の発達について，ピアジェは論理的思考を中心に興味深い発達段階説を提出している（ピアジェ・イネルデ，1966）。ピアジェは，認知機能のはたらきを，個体と外界との相互作用としてとらえ，外界に対するかかわり方が発達にともない，構造的に変化することを指摘している。そして，その変化を

次の4つの段階に区分している。
 (1) 感覚運動期（生後2歳ごろまで）
 (2) 前操作期（2歳～7・8歳ごろ）
 (3) 具体的操作期（7・8歳～11・12歳ごろ）
 (4) 形式的操作期（11・12歳ごろ～）

　感覚運動期の子どもは動作により外界とかかわっていく。そして，それがしだいに内在化して思考がめばえる。ピアジェは論理的構造性をもった思考を「操作」と呼んでいるが，操作ができるようになる準備の時期が前操作期である。この時期には，内的思考を行うようになるがまだ論理的ではない。具体的な場面で操作ができるようになるのが具体的操作期であり，より抽象的な操作ができるようになるのが形式的操作期である。以下では，こうした観点から乳幼児期の思考の発達をみてみよう。

▶ 1　感覚運動期

　この時期の子どもは，直接的な動作によって外界とかかわり適応していく。自分の行動とその結果との関係の発見に忙殺される。たとえば，ガラガラを振ったところ音が出ると，何度も振って音を出すようになる（循環反応）。そして，ガラガラに対しては「振る」という行動図式が適用されるようになる。ピアジェはこうした行動や思考の図式をシェマと呼んでいる。感覚運動期の子どもは，動作的なシェマで外界とかかわっているといえる。こうした動作的なシェマが内在化したものが思考である。ものの永続性の概念の発達をみると，感覚運動期に内的な思考が徐々にめばえることがわかる。

　生後8カ月以前の子どもが玩具に手を伸ばしているとき，その玩具を布で覆い隠すと，すぐにその玩具にさわろうとする行動をやめてしまう。驚いたりもせず，その玩具が消えてしまったかのようにふるまう。これは，現在見えないものについて「考える」ことができない状態である。それに対して，より年長の子どもは，隠された玩具を探そうとする。これは,対象物が知覚されなくなっても存在するというものの永続性の概念が獲得された状態であり，目の前にな

いものについて考える表象機能がめばえて，内的思考があらわれたといえる。感覚運動期の終わりごろになると，こうした表象機能を反映した行動の変化があらわれる。目の前のおとなの行動を模倣するだけではなく，模倣対象が目の前から見えなくなった後にも模倣をするようになり（延滞模倣），言語もあらわれる。

▶2 前操作期

　子どもは1歳半ごろより言語を使用しはじめる。これは，ある事象をそれとは異なる事象で代表させる象徴機能の発達が基礎となる。言語は象徴として事物をあらわす。たとえば，「リンゴ」という単語がリンゴをあらわす。そして，「リンゴ」という単語によって，目の前にないリンゴについて考えることができる。また，3歳児は積み木を自動車に見立てて遊ぶが，これも象徴機能のあらわれである。このように前操作期の子どもは象徴的な思考を行うことができる。しかし，その思考は十分に論理的ではない。そのために特徴的な行動がみられる。この点を具体的操作期と比較しながらみてみよう。

a 保存

　前操作期の子どもの思考の特徴の1つは，保存のないことである。保存とは，数・量・重さ・面積・体積などが物質の見せかけの形態が変わっても同一であるという概念である。液量の保存を例にとると（図4-1），子どもに，同じ形と大きさの2つの容器に同量の液体を入れて，量が同じであることを確認させる。次に，一方の容器の液体をより細い容器に移し替えて比較させる。すると，6・7歳児では，量が同じであると判断する。容器の形が変化しても液量が変わらないという保存の概念が成立しているからである。それに対して，3・4歳児では，細い容器に移した液体のほうが水面が高いことから量が多いと判断する。同様の発達的変化は，数，量，重さなどについて認められるが（図4-1, 1章図1-1），それぞれの保存の成立時期にズレのあることが知られている。

　保存の成立には，見かけが変わっても同じものであるという同一性，もとに戻せば同じになるという可逆性，たとえば水面が高くなっているがそのぶん容

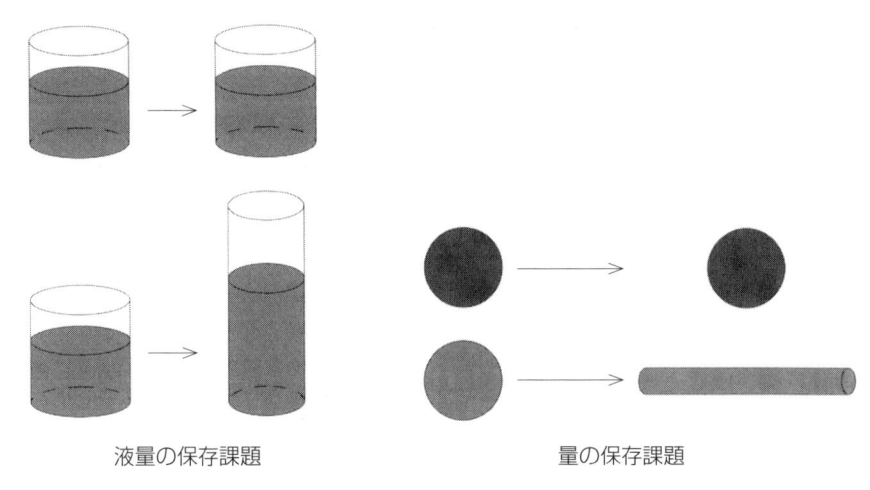

液量の保存課題　　　　　　　　量の保存課題

図4-1　保存課題

器の底面積が小さくなっているというような補償関係（相補性）の理解が必要である。

b　クラス包含関係

論理的思考には，全体と部分といったクラスの包含関係についての理解が必要である。前操作期の子どもはこの点の理解が不十分である。たとえば，赤玉10個と白玉2個を示して，玉全部と赤玉とどちらが多いかを尋ねると，赤玉のほうが多いと答える。部分と全体を同時に考えることができないのである。

c　系列化

AはBよりも背が高く，CはAよりも背が高い。といわれれば，3人のなかでCがいちばん背が高いことがわかる。こうした推移律のような演繹的思考の基礎の発達として，系列化の発達があげられる。長さが少しずつ異なり順不同に並んだ一連の棒

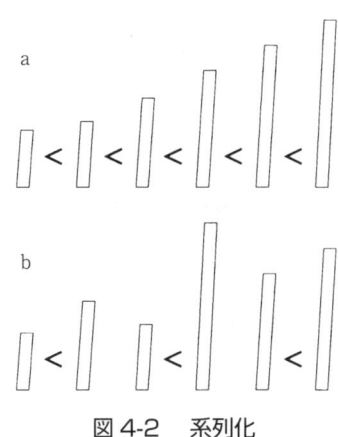

図4-2　系列化

を，長さの順番に並べるという系列化課題を子どもに与え，その発達を検討すると，前操作期の前期にあいだに，でたらめに並べてしまう全く系列化のできない段階から，2本のみに着目して長さの順に並べ，次の2本を並べるなどして，部分的な対や系列をつくるが，全体として1つの系列を組織できない段階に発達する（図4-2）。そして，前操作期の後期に入ると，長さの順番に棒を選んで並べることができるようになる。しかしながら，この段階でも，できあがった系列に，中くらいの長さの棒を挿入させようとすると，うまくいかない。

d 中心化傾向

以上にみたような前操作期の子どもの思考の特徴として，あることがらの1つの側面にしか注意を向けられない点があげられる。ピアジェはこれを「中心化」と呼んでいる。たとえば，液量の保存課題において，水面の高さと容器の底面積の両方を考えることができず，水面の高さにのみ注目して，量を判断してしまう。また，自分以外の視点をとることもむずかしい。3つの山（図4-3）を置いた机の前に子どもを座らせ，その机の別の側から山がどのように見えるかを選択肢の写真から選ばせる課題を行うと，前操作期の子どもにはむずかしい。また，この時期の子どもは，他人も自分と同じように考えたり感じたりしていると思う傾向がある。自他の区別，主観と客観の区別も不十分で，考えたことが実際にも存在すると考える実在論や，すべてのものは生きていて意識をもっていると考えるアニミズムの傾向がある。具体的操作期になるとこうした中心化傾向から抜け出して，現実の事象について多面的に論理的な思考ができるようになる（脱中心化）。

このように，前操作期では，内的思考が行われるが論理的ではないという特徴がある。

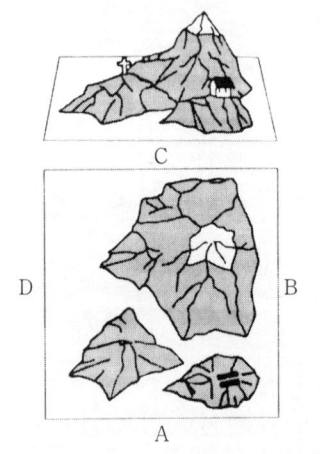

図4-3 ピアジェの3つ山課題

▶ 3 ピアジェ以降の研究

ピアジェの発達段階説は，子どもの積極的，

4章● 認知と思考

能動的な外界とのかかわりを重視し，子どもの思考の発達を包括的にわかりやすく描き出している点で有用である。しかし，後年，さまざまな検討が加えられ，批判や，新たな知見も得られている。

第1に，課題の条件を変えると，ピアジェの指摘より早い時期に，より高度な反応が観察されることが指摘されている。1例として，ベイラージョン（1987）は，図4-4のような実験で，3.5 カ月児と4.5 カ月児で，ものの永続性の概念が成立しているとした。まず，スクリーンの回転を繰り返し見せ，乳児が注意を向けなくなるまで馴化させる（馴化事象）。次に，箱を置き，スクリーンが回転するにつれて箱が隠れ，箱にあたってスクリーンが止まる事象（あり得る事象）と，箱がないかのようにスクリーンが180度回転してしまう事象（あり得ない事象）とを見せた。すると，あり得ない事象では，再び注意を向けて見る脱馴化が起きたが，あり得る事象では起きなかった。これは，見えなくなった箱の存在を認知していることを示している。

後に，こうした実験方法について再検討された結果，ものの永続性の概念の成立は，さまざまな情報の階層的な統合を必要とし，5カ月以降になるとの見方も出ている（コーエンら，2006）。

第2に，発達段階の移行メカニズムが，情報処理的視点から検討されている（第3節）。

第3に，子どもと他者とのかかわりや，文化的

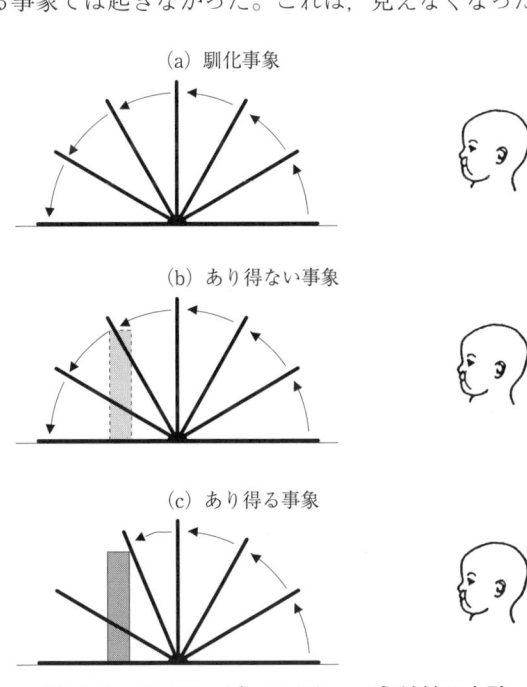

図4-4 ベイラージョンのものの永続性の実験
（ベイラージョン，1987）

背景の重要性が注目されている。感覚運動期における子どもと外界の事物との相互作用には養育者が介在し,「母―子―もの」の三項関係（6章）も重要な役割を果たしている。また,保存などの具体的操作の成立に学校教育の影響も大きいことが指摘されている。ヴィゴツキーは,主に科学的思考について,独力で達成できる課題の水準と他者からの援助や協力を得て達成できる水準とを区別し,両者のへだたりの部分を発達最近接領域と呼んでいる。今は援助が必要だが,やがては独力でできるようになる「次に続く発達の領域」のことで,教育は発達最近接領域にはたらきかけ発達を促していると考えられる（中村,2004）。こうした視点での研究も進んでいる。子どもの発達の支援には,子どもの個人差や,各個人の発達履歴に対応したかかわりが重要であろう。

　第4に,幼児が周囲の世界を説明する考え方も注目されている。それらは,日常生活の経験をとおして形成された必ずしも科学的ではない「素朴理論」ではあるが,一貫性があり,幼児期に,無生物,人間,生物についての概念が発達する。そうしたなかで,「心の理論」の発達が注目されている（コラム4）。

　第5に,発達段階は課題の領域ごとに別々だとする考え方や,段階という考え方を疑問視する考え方もでている。

3節　記憶機能の発達

　前節で解説した思考の発達には,記憶機能の発達が密接な関係をもっていると考えられている。そこで,本節では,記憶機能の発達について概観する。

▶1　乳児期の記憶能力

　乳児期にも基礎的な記憶機能が備わっていることが知られている。ロヴィ・コリア（1984）は,2カ月〜4カ月児の記憶機能について,条件づけの手法を用いて調べている。乳児をベビーベッドに寝かせ,その頭上にモビールをつるす。このモビールと乳児の片方の足首とをリボンで結んでおく。乳児が足を

蹴るとモビールが動く。これによって，乳児の足を蹴る行動の頻度が増加したことから，足を蹴る行動とモビールの動きとの関係を学習したことがわかる。この経験をした乳児の記憶を調べるために，期間をおいて，再び同様の実験状況を経験させた。そのとき，足を蹴る行動の頻度が増加したままであるならば，足蹴り行動とモビールの動きとの関係が記憶されていることがわかる。3カ月児の結果をみると，1週間は記憶が保持されていたことがわかる（図4-5）。

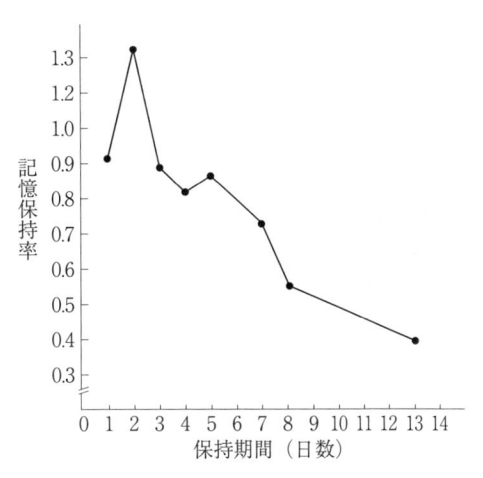

図4-5　11〜13週児の学習後の記憶保持率
（ロヴィ・コリア，1984）

また，期間が経つにつれて記憶成績が下がるのは，記憶内容が失われるためであろうか。この点について，サリヴァン（1982）は，再活性化の手続きを用いて調べている（図4-6）。3カ月児では，学習後14日経ってテストをすると，足を蹴ってモビールを動かす頻度が学習前の水準になっており，忘れているようにみえる。こうした3カ月児を学習から13日後，ベビーチェアに座らせ，足を蹴ることのできない状態で，学習時と同じモビールを見せ，実験者が動かしてみせる。このとき，乳児は足がモビールとつながれておらず，足を蹴ってモビールを動かすことを再び学習することはできない。この再活性化の経験をさせたうえで，次の日に（学習から14日目）記憶テストを行うと，足を蹴ってモビールを動かす行動が，学習直後の水準に保たれていた。このことから，再活性化の手続きは，思い出すための手がかりを与えていると考えられ，期間の経過とともに記憶が失われるのは，記憶の内容が失われるのではなく，記憶を取り出すことができなくなっているためであることがわかる。

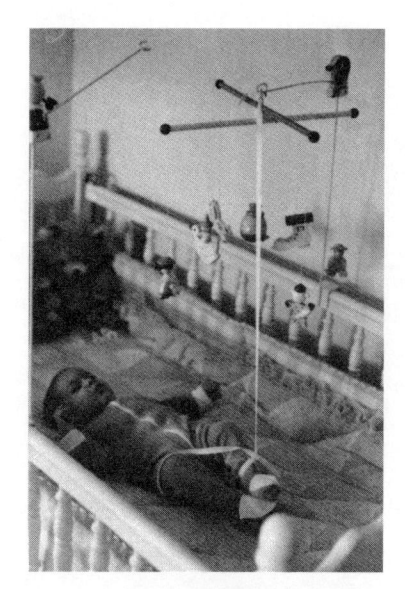

| 学習時の実験装置 | 記憶の再活性化時の装置 |

図4-6 ロヴィ・コリアらの実験装置（ロヴィ・コリア，1984）

▶2 子どもの記憶とおとなの記憶

　幼児期以降の記憶発達をみると，一般に，年齢が上がるにつれて記憶成績が上昇するが，そうした発達的変化は何によって起きているのであろうか。おとなと子どもの記憶の違いはどこにあるのだろうか。

a 意図的な記憶のための行動——記憶方略

　記憶には，意図的に憶えようとして憶える「意図的記憶」と記憶しようという意図はなくても経験したことを憶えている「偶発的記憶」とがある。幼児は，偶発的記憶においては，おとなとあまり違わない成績を示すが，意図的記憶は劣っている。いいかえると，意図的な記憶が困難である。意図的に記憶するための適切な行動をとることができないのである。このことが，子どもの記憶が正確にも，不正確にもみえる原因の1つであろう。

　おとなは，意図的に記憶をしようとするときに，繰り返し唱える（リハーサル），分類して憶える（体制化）などのさまざまな「記憶方略」を用いる。リ

ハーサルを例に,記憶方略の発達をみてみよう。フラベルら (1966) は,リハーサル行動の発達を観察した。その結果, 5歳児, 7歳児, 10歳児に, それぞれ10%, 60%, 85%のリハーサル行動がみられた。年齢とともにリハーサル行動が増加していることがわかる。こうした発達の過渡期にあたる1年生について,キーニら (1967) は,リハーサルを自発的にはしなかった子どもを対象にリハーサルをするよう教示した。その結果, 教示を受けた子どもたちはリハーサルを行い, 記憶成績も上昇した。しかし, 新しい場面では, 自発的にリハーサルを行おうとはしなかった。こうした点から, 記憶方略の発達段階には, ①方略が使えない段階, ②方略を自発的には使わない段階, ③方略を自発的に使う段階の3段階があることがわかる。こうした発達過程は, その他の方略にも共通している。幼児期には記憶方略はあまりみられず, 児童期に記憶方略使用が増加し, 記憶成績が向上する。

b 認知について知ること——メタ認知

ところで, 記憶方略の自発的な使用のように, 記憶や思考などの認知的な活動を的確に行っていくには, 認知についての知識や, 自分の認知状態の把握が必要であると考えられる。こうした認知について知ることを「メタ認知」と呼んでいる。そのなかで特に記憶に関するものは「メタ記憶」と呼ばれている。

フラベルら (1993) は, メタ記憶を, ①記憶についてのメタ認知的知識と, ②記憶についての自己モニタリングと自己制御, に分類している。記憶についてのメタ認知的知識には, 記憶と思考や夢を区別すること, 課題の種類と難易度を知ること, 方略の使い方を知っていることなどがあげられる。自己モニタリングと自己制御には, どのくらいよく憶えられたか, 思い出せそうかなどの自分の記憶状態の把握(モニタリング)や, 状況に応じて適切な方略を選択し的確に使用していく方略の制御などがある。

クロイツァら (1975) は, 記憶についての知識の発達を面接調査によって調べている。その結果, 年齢が上がるにつれて, こうした知識の増加が認められた。幼稚園児では, 自分の記憶能力を過大評価する傾向がみられた。また, ウェルマンら (1979) は, 記憶と想像の区別の発達について検討している。4歳児

では「記憶」と「推測」の区別が曖昧であり，5歳児では，「記憶」と「推測」の区別はできるが，「忘却」と「知らない」ことの区別ができなかった。6歳児では，いずれの区別もできていた。モニタリングの1つのあらわれである思い出せなくとも「知っている感じ」(既知感)について調べたカルティスら(1983)は，4歳児でもモニタリング能力が認められることを示した。こうしたモニタリングの正確さも，加齢にともない上昇することが知られている。

記憶についての知識は学齢期以降増加していくようである。また，モニタリング機能は，幼児期に基礎的機能が備わっているようである。

c 記憶対象についての知識

おとなと子どもの記憶成績の違いをもたらす要因の1つとして記憶対象についての知識の違いがあげられる。チ(1978)は，チェスに熟達した10歳児と熟達していない成人とを対象に，数字の記憶と，チェスのコマの配置の記憶とを調べた。その結果，数字では成人のほうが再生成績が良かったが，チェスのコマ配置の記憶では，チェスに熟達した10歳児のほうが成績が良かった。この結果から，年齢にかかわらず知識が記憶量に大きく影響していることがわかる。

チら(1983)は恐竜に詳しい5歳児の知識を研究した。その5歳児は，40種類の恐竜名をあげることができ，その知識内容は，外見，食性などにもとづいて類似したものどうしが結びついたネットワークを形成していることがわかった(図4-7)。こうした知識は，たとえば新しい恐竜名を記憶する場合でも，知っている恐竜と関連づけたり区別したりするのに役立ち，恐竜をよく知らない子どもよりも，恐竜について学習するのが容易になると考えられる。

幼児でも，知識を多くもっている材料では，記憶成績も高く，記憶方略を使用できる場合もあることが知られている。たとえば，クラスの知っている友だちの名をすべて思い出すといった課題は幼児にはむずかしい。想起のための方略を用いず，まだ思い出せる項目があっても再生をやめてしまうのがふつうである。チ(1981)は，5歳児に，クラスの友だちの名を再生させた。その際，アルファベット順に思い出すという方略を教えたところ，この方略をうまく使うことができた。知識の多い材料であったので，方略が使用できたといえよう。

4章 ● 認知と思考

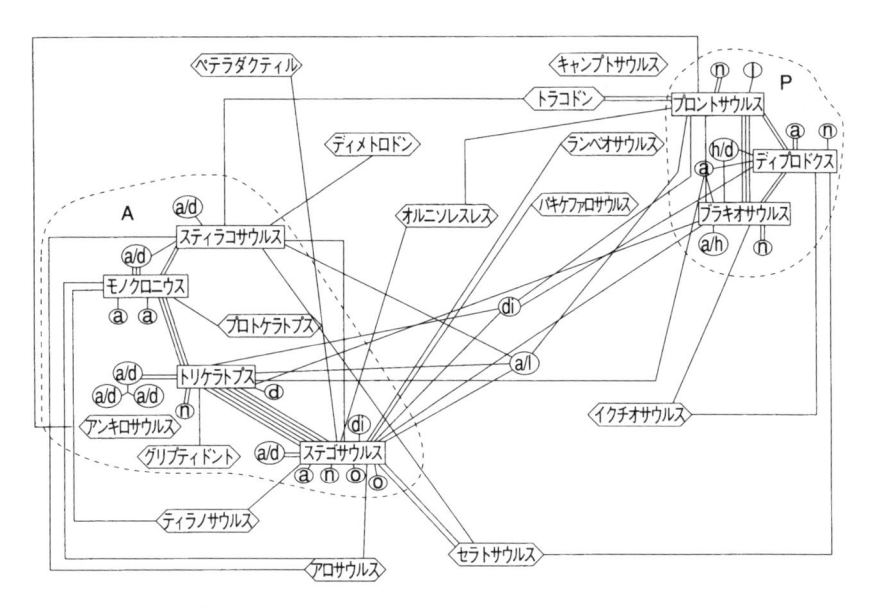

Aの群に属するのは肉食竜である．Pの群は巨大草食竜からなる．恐竜間の複数の線は特に密接なつながりがあることを示す．
a＝外見，d＝防御メカニズム，di＝食性，n＝ニックネーム，h＝棲息地，l＝移動方法，o＝その他

図4-7　ある5歳児の恐竜についての知識を意味ネットワークの形で表象したもの
(チほか，1983)

　幼児でも，日常場面に近いかぎられた条件では，初歩的記憶方略にあたるような行動を示すことが知られており，それも，こうした知識の影響と関連があろう．
　また，エピソードで紹介した幼児期健忘も，知識が1つの要因と考えられている．レストランに行ったら一般にどんなことが順に起きるか，というような順序性のある知識の枠組をスクリプトという．2歳児も日常の出来事を記憶できる．しかし，各種のスクリプトの形成途上であるため，あてはまるスクリプトのない出来事は後から想起されにくく，繰り返される出来事はスクリプトの一部となり個別の出来事として想起しにくいと考えられる．こうした自分が経験した出来事の記憶（自伝的記憶）の発達には，親など他者との対話も重要な役割を果たしている（シュナイダーら，1997）．

4節　思考の発達と記憶

2節では，ピアジェの発達段階説にしたがって，乳幼児期の思考発達について概観した。こうした発達のメカニズムについて，情報処理的な視点が提出されている。思考には常に記憶がかかわっている。たとえば，暗算をするとき，もとの問題や計算の経過を記憶しておきながら計算を進める必要がある。このように一時的に必要な情報を使えるようにしておく記憶を作業記憶（作動記憶）と呼ぶことがあるが，こうした記憶の容量の発達が思考発達の背景にあるという考え方が提出されている。

たとえば，第1節で紹介した液量の保存課題では，4歳ぐらいまでの子どもは，水面の高さという1次元の情報しか利用できていない。5・6歳児では，水面の高さと容器の底面積の2次元の情報を同時に利用することができる。つまり，同時に利用できる情報量が増大している。また系列化や，推移律を例にとると，4つの対の関係　$A>B$，$B>C$，$C>D$，$D>E$ の記憶が基準に達するまで訓練すると，幼稚園児でも $B>D$ のような推移律判断が可能なことが知られている。このことから，幼児にこのような推移律判断が困難なのは，各対の関係を記憶しておき利用するのがむずかしいからだと考えられる。

このような観点から，ピアジェ派のパスカル・レオンは，同時に処理できる情報単位数（Mスペース）を仮定し，ピアジェの指摘した発達段階が，その容量の増大に対応すると考えた。ケイス（1985）は，パスカル・レオンの考え方を取り入れ，ピアジェ同様の発達段階を提唱し，上の段階への発達の移行メカニズムとして，作業記憶容量の増大をあげている。ところで，3節でも述べたように，記憶成績（記憶量）の発達は，記憶方略や知識の発達によるところが大きい。ケイスは，作業記憶の増大のメカニズムの1つとして，自動化をあげている。新しい認知的操作については，さまざまなことに注意して作業記憶容量すべてを使って行わなければならなかったものが，その操作に習熟して

くると，実行は自動化し効率的になり，必要な容量は少なくなる。そのぶん，より多くの情報を扱うことができるようになる。

このように，思考に必要な記憶容量の増大が思考発達の背景にあり，認知的な方略や知識の発達と密接に関係しているのである。

乳幼児期の子どもは，日常の体験をとおして，表象機能や言語を発達させていく。子どもなりの概念を形成し，数や文字に関心をもち，学校教育で扱われるような論理的思考への準備を行っていく。周囲の物理的環境とのかかわりだ

コラム 4　心の理論

プリマックら（1978）は，チンパンジーの他個体をあざむくような行動の背後には，他者の目的，意図，思考，信念などの目に見えない心の状態を理解したり推測するはたらきがあると考え，これを「心の理論」と呼んだ。ヴィマーとパーナー（1983）は，「誤った信念課題」という手法で，人間の幼児期の「心の理論」の発達を検討した。

男の子がチョコレートを緑の戸棚にしまい，遊びに出かける。次に，母親がチョコレートを緑の戸棚から取り出し，青の戸棚にしまって外出する。次に，男の子がおなかを空かせて戻ってくる。こうした内容を含む人形劇を見せ，男の子はチョコレートがどこにあると思っているかを質問する。

3歳児は，「青の戸棚にあると思っている」というように自分が知っていることを答えてしまう。それに対して，4歳児は「緑の戸棚にあると思っている」と答え，男の子が現実とは異なる「誤った信念」をもっていることを適切に推測できるようになる。その後の研究でも，こうした発達的変化が一貫して得られている（ウェルマンほか，2001）。

こうした発達は，考えていることを考えるメタ認知，人間行動の理解，他者とのイメージの共有などの発達と深いかかわりをもっており，近年では，心についての子どもの理解のより広い範囲が「心の理論」として研究されている。

けでなく，他者とのかかわりのなかで積極的に環境への関心と理解を広げていく。

📖 読書案内

シーグラー，R. S. 1986 無藤 隆・日笠摩子（訳） 1992 子どもの思考 誠信書房

ケイル，R. 1990 高橋雅延・清水寛之（訳） 1993 子どもの記憶 サイエンス社

子安増生（編） 2005 よくわかる認知発達とその支援 ミネルヴァ書房

5章 ● 情緒と欲求

エピソード

　子どもが2歳くらいになったときに，そろそろ2人目をと考えるご夫婦は少なくないであろう。ひとりっ子が多くなったとはいえ，子どもがたくさんいるにぎやかな家庭，兄弟姉妹の関係を望む人は少なくないのである。

　4歳になった康太郎君は，妹の桃ちゃんが生まれてから半年ほど，ご飯を自分で食べなくなった。桃ちゃんがおっぱいを飲むのを見て，自分もおっぱいを欲しがるようになってしまった。それが収まった後も，店でおもちゃを買わないと床にひっくり返って手足をばたつかせ駄々をこねるなど，以前はみられないようなわがままが続いた。

　同じころ，幼稚園の同じクラスに通う健一君の家でも弟の浩平君が生まれたが，健一君は康太郎君とは違って，お母さんの手伝いをしたり，浩平君に話しかけたりしている。浩平君の世話はまだできないが，寝ている顔をお母さんといっしょに眺めては，「かわいいね」「ちっちゃいね」と笑うことが多かった。お母さんは，浩平君が生まれてから健一君が急にしっかりしたような気がしている。

　康太郎君も健一君も，弟や妹の誕生は楽しみにし，喜んでもいた。この2人の違いは何によるのだろうか。

エピソードで紹介した2人のお母さんの接し方に，ちょっとした違いがあった。そのことが関係していると考えられる。健一君のお母さんは，健一君のさびしさをわかってあげようとこころがけ，浩平君が寝ているときに絵本を読んであげたり，浩平君の話をしたりしていた。康太郎君のお母さんも，同じ気持ちはあったのだが，桃ちゃんの世話で疲れていたために，つい強くしかったり，康太郎君の世話は後回しになってしまったりしていた。こうしたことが，2人の感情や意欲に影響をおよぼしたのではないだろうか。
　そこで，本章では，①子どもの豊かな感情・情緒の発達について，②子どもの欲求について，③欲求不満とその対処行動についてみていくことにする。

1節　子どもの豊かな感情・情緒の発達について

▶1　感情の種類

　楽しくなったり落ち込んだり，私たちは常にさまざまな感情を体験しながら行動している。朝めざめたときの，何となくさわやかな気分，沈む夕日を眺めるときの何とも良い気持ち，これらもすべて感情である。感情とは，快・不快の意識状態全般のことである。感情には，感覚的感情，気分，情緒，情操が含まれる。感覚的感情とは，感覚にともなう感情である。たとえば，においをかいだとき，それを心地良いと感じたり，不快に感じたりする。また，直線は硬い感じがし，曲線はやわらかい感じがする。こういったものを感覚的感情と呼ぶ。気分は，情緒の背景にあって，弱く長く続く感情状態のことである。さわやかな気分とか憂うつな気分といったものがそれである。これは，必ずしも明確な理由や原因をもたない場合も多い。情緒は，強い一過性の感情で，それが起こる原因が明確にあり，生理的な変化をともなう感情である。喜怒哀楽といった日常的に感情と呼ぶものはこれである。情操とは，価値あるものにふれて起こる感情のことである。真，善，美に対する感情のことである。夕日を眺めて感動したり，音楽を聴いて心が動いたりといった気持ちの変化を情操という。

こういった感情は，主観的な体験である。他の人の感情には，直接ふれることはできない。そのため日常的には発せられたことばや表情，行動やその文脈を手がかりにして推測を行う。カウンセリングにおいて，共感的理解が重要視されることはこのことと関係している。共感的理解とは，相手の感情を自分のなかに再現するような理解の仕方をいうが，これは感情が主観的な体験であるからともいえる。

▶2　情緒のはたらき

a　コミュニケーションの手段

　乳幼児にとって情緒とその表出は，重要なコミュニケーションの手段となる。たとえば，生後間もない乳児は不快なときにはむずかったり，泣いたりするが，それによって親は子どもに近寄り，食事や排泄(はいせつ)の世話などをする。やがて，乳児は親を呼ぶ手段としてわざと大声で泣いたり，駄々をこねたりするようになる。つまり，情緒の表出が人との相互作用の手段として有効であることを学習したといえる。幼児期になるとそれにことばが加わり，やがて表情や行動，その文脈を手がかりに相手の情緒を推測したり，気持ちを思いやったりすることができるようになり，さらに人とのつながりが深まっていく。

b　行動のエネルギー

　情緒は行動を起こすエネルギーになる。楽しいことはやりたいし，続けたい。場合によっては，制止されても続けるかもしれない。逆に怖いものには近づきたくない。いったん恐怖の情緒が喚起されると，その対象には近づこうとしないし，逃げることもある。このように，情緒によって行動が引き起こされる。一般にそれが快の感情であればその行動は促進され，逆に不快な感情であればその行動は抑制される。このように情緒は行動を起こすエネルギーとしての役割をもっている。

▶ 3 情緒の発達
a 発達の過程

情緒の発達については，古くは誕生直後の漠然とした興奮状態から快―不快が分化し，快からは喜びや愛情といったポジティブな情緒が，不快からは怒りや嫉妬，嫌悪といったネガティブな感情があらわれるとされてきた。これは，ブリッジス (1932) によって，施設で育てられている 62 名の乳幼児を対象に行われた誕生から 2 歳までの詳細な観察にもとづいた研究の結果である。

しかし現在では，乳児の表情の研究にもとづいて，誕生直後から基本的な情緒が備わっていると考えられるようになってきた（表 5-1）。それによると，「満足」「苦痛」「関心」といった情緒は，誕生直後から表出しているのではないかとされている。その後 3 カ月ごろから，「うれしい（外界へ向けての快の表出）」

表 5-1 情緒の出現（スルーフ，1996 より改変）

月齢	発達的課題	苦痛 (怒り／不満)	関心 (注意／恐れ)	満足 (満足／喜び)
0	刺激への対処	不愉快さ	びっくりする	自発的微笑
1 2	外的世界への志向			社会的微笑 うれしがる
3	緊張のコントロール	欲求不満反応 (未分化の怒り・悲しみ)		
4 5			気をつける・用心する	積極的笑い
6 7	相互性の発達	(相手への) 怒り		喜び
9	愛着の形成		恐れ (見知らぬものへの嫌悪)	
12	探索と熟達	すねる・不機嫌	不安	得意
18 24 36	自己の認識	反抗・激怒	恥（てれ） 罪悪感	愛情・嫉妬 誇り

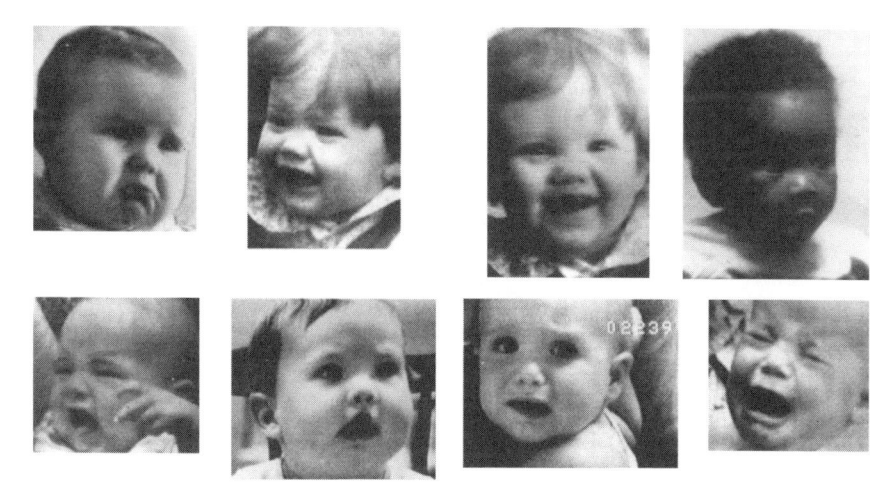

図 5-1　基本的情緒（イザード，1991）

や「悲しみ（制限，阻止されたときの反応）」「嫌悪（不快な刺激に気をつける）」といった反応がみられるようになる。さらに，6カ月ごろから「怒り（欲求不満状況での反応）」「恐れ（見知らぬものへの反応）」「喜び（自分が原因で体験された快の情緒）」があらわれるようになる。こういった基本的な情緒は生得的なものであると考えられている（図5-1）。つまり，生得的にもつ基本的情緒にもとづいて外界とかかわりながら，他者との相互作用を経てさらにさまざまな情緒を獲得していくという発達が推測される。

その後，1歳から2歳にかけて自己の意識のめばえにともない，「恥」「得意」などの自己評価に関する情緒，他者を意識した「愛情」「嫉妬」がみられるようになる。2歳以降，成功体験にともなう「誇り」，失敗体験による「恥」や「罪悪感」がみられる。3歳までにほぼすべての情緒が出そろい，4歳半を過ぎたころにはパーソナリティにおける情緒的な基盤が形成されると考えられる。

情緒の発達には，一般的に次のような特徴がみられる。

(1) 情緒が持続するようになる。つまり，変わりやすいものが長続きするようになる。

(2) 情緒の表出の仕方が変化する。身体的なもの，全身による直接的なも

のであったのが，言語的，間接的なものに変化していく。
(3) 情緒を引き起こす刺激が変化していく。
(4) 情緒の反応が少なくなり，行動や表情から判断しにくくなっていく。
(5) 個人差が大きくなっていく。情緒はそれ単独で発達するわけではなく，周囲の人との関係や自己の意識や認知能力の発達とも密接な関係をもって発達していく。

b　発達を促す要因

　情緒の発達も，遺伝的な要因と環境的な要因との相互作用によると考えられる。前者については，基本的な情緒とその表出は，生得的なものを含むと考えられている。また，神経生理的な興奮作用が関与しているということから考えれば，こういった器官や機能の成熟も，情緒の発達には重要な要因である。後者については，生まれてからの周囲の人とのかかわりをあげることができる。「ホスピタリズム（施設病）」という現象が知られている。かつて，海外の乳児院や孤児院に長期間収容されていた子どもたちのなかに高い死亡率，情緒発達の遅れなどがみられ，衛生状態の改善などの取り組みをしたが解決しなかった。ところが，個人的な接触や愛撫（あいぶ）などの対人的なかかわりを増やすことで，改善された。つまり，ふつうの家庭で育った場合，親は子どもの表情や行動からその情緒を読みとり，それにことばや行動で答える。そうすることによって豊かな表情や情緒を発達させていくのであるが，それがないことが，ホスピタリズムのいちばん大きな原因とされている。

2節　子どもの欲求について

▶1　欲求とは何か

　こころやからだが安定した状態は，人にとって快適な状態といえる。しかし，不足や過剰によってバランスをくずして不安定な状態になると，もとの安定した状態に戻そうとする。このはたらきを欲求という。実際に体験されるのは，「～

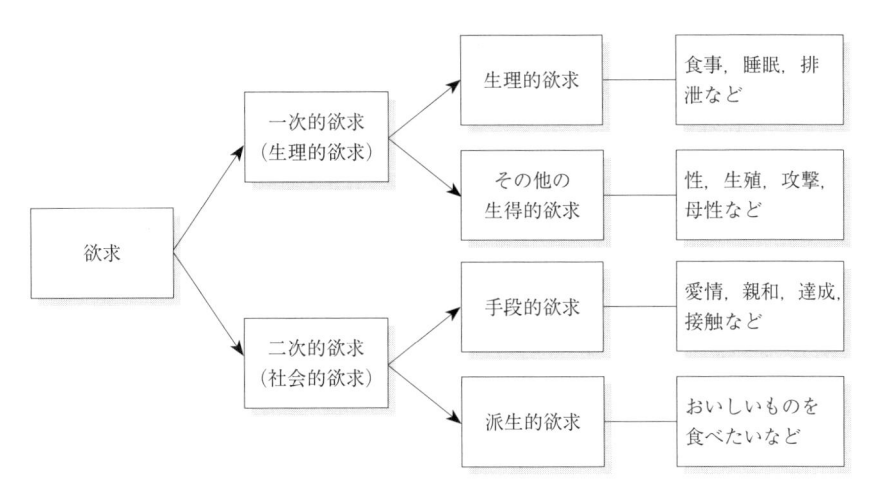

```
                    ┌─ 生理的欲求 ──── 食事，睡眠，排
          ┌ 一次的欲求 ┤                 泄など
          │ (生理的欲求)│
          │            └─ その他の  ──── 性，生殖，攻撃，
欲求 ─────┤               生得的欲求      母性など
          │
          │            ┌─ 手段的欲求 ─── 愛情，親和，達成，
          └ 二次的欲求 ┤                 接触など
            (社会的欲求)│
                       └─ 派生的欲求 ─── おいしいものを
                                         食べたいなど
```

図 5-2 欲求の分類

がしたい」という意識，気持ちである。たとえば，からだの水分の不足による不安定さが起こると「のどが渇いた」という意識が生まれる。そこで，「水が飲みたい」という気持ちが起こる。これが欲求である。こういった生理的なものだけではない。気に入ったおもちゃで遊んでいるときは満足しているが，誰かに取り上げられたり，なかなか順番が回ってこなかったりして遊べないと，不満を感じる。悲しい気持ちが生まれて，その気持ちを泣いて表現したり，貸してほしいと頼んだりといった行動が起こる。このように欲求もまた，先に述べた感情，情緒と同様に行動を起こすエネルギーである。欲求にはさまざまなものがあるが，一般的に，一次的欲求と二次的欲求とに分けられる（図5-2）。

a 一次的欲求

人には，生まれつき備わっていると考えられる欲求がある。たとえば，生まれたての乳児であっても，空腹や渇き，排泄，睡眠に対する欲求がみられる。このような生理的欲求やその他の生得的な欲求は，生まれつきという意味で一次的欲求と呼ばれる。食べ物，水，空気，熱，休息，排泄，眠りなどの個体保存の欲求や生殖，母性など種の保存の欲求がこれに含まれる。性や攻撃性に関する欲求は，生得的な側面をもつために一次的欲求に含めて考えられることが

多いが，これらについては，それが行動を引き起こすかどうかについては，学習によって経験的に獲得される部分が多いとされている。

b　二次的欲求

私たちの行動は，一次的欲求だけで起こるわけではない。他人に認められたい，愛されたい，やり遂げたいといった欲求が行動の大きなエネルギーになる。乳児は，空腹になれば泣き，おむつが濡れれば泣き，眠くなれば泣く。親はこのような情緒の表出に気づいて乳児の世話をする。親との相互作用によって一次的欲求が満たされると，安心できるつながりを保ちたいといった親との関係そのものが欲求としての意味をもつようになる。このように一次的欲求を獲得する手段となるような欲求やそこから派生した欲求は二次的欲求と呼ばれる。他者との関係のなかでの欲求ということから，社会的欲求とも呼ばれる。愛情の欲求（誰かに愛されたい），探索欲求（身の回りの世界を理解したい），達成欲求（優れた基準でものごとを成し遂げたい），親和欲求（他者と友好的に交わりたい）といったものがそれにあたる。

これらは一般的に，学習によって獲得されるものと考えられるが，愛情の欲求や探索の欲求などは，文化や社会による違いがみられないことやかなり早い時期からみられることから生得的なものであるとみなす立場もあり，はっきりとした区別がむずかしくなってきている。両者が密接に関係しながら発達していくと考えられている。

▶2　欲求の発達

マズローは，人の欲求は階層構造をもっており，より下位の欲求が満たされてはじめて，より上位の欲求があらわれてくるという五段階階層説を唱えている（図5-3）。より下位の欲求から順に，生理的欲求（食事，睡眠など生存に必要な最も基本的な欲求），安全欲求（安定や安全を求め，危険や不確実な状況を避けようとする欲求），所属・愛情の欲求（親和や他者から愛されることを求め，さまざまな集団に所属したいという欲求），承認・自尊の欲求（他人から認められ，尊敬されるとともに自律的に行動することを求める欲求），自己

5章 ● 情緒と欲求

　　　　　　　　　　自己実現欲求
　　　　　　　　　承認・自尊の欲求
　　　　　　　　所属・愛情の欲求
　　　　　　　　　安全欲求
　　　　　　　　　生理的欲求

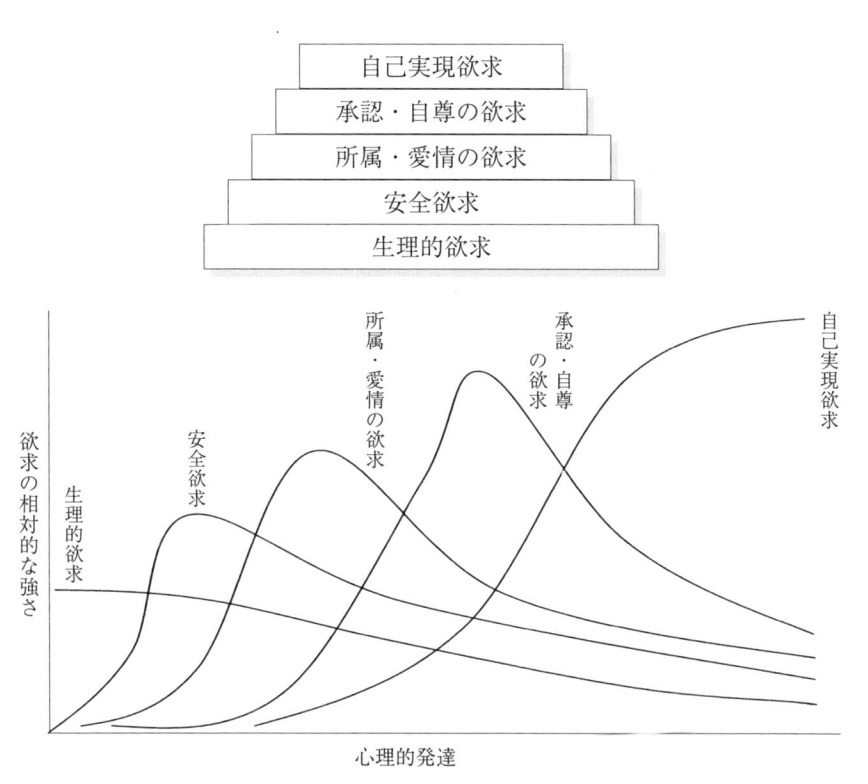

図 5-3　マズローの欲求の五段階階層説（マズロー，1954）

実現欲求（自己のもつ可能性を最大限に伸ばして，自己のあるべき理想的な存在形態に近づきたいという欲求）である。

　これにしたがえば，乳幼児期には，生理的欲求，安全の欲求が最も顕在化される時期といえる。実際，食事や水，睡眠などの生理的欲求や安全を求めて親を頼る行動は顕著である。たしかにこれらは優勢ではあるが，たとえばすでに乳児期から他者，特に母親と情緒的に結びつきたいという，接触欲求や愛情欲求にもとづく行動は頻繁に観察される。幼児期になると，食事や靴の脱ぎ履きなどを自分でやりたがる自立の欲求がみられるようになる。この時期が第一反抗期と呼ばれるのは，親がしつけのなかでこういった行動を制限するために，子どもが欲求にそって思った行動ができないことから，親に対する反発が頻繁

にみられるためである。

　また，幼児期には，探索欲求にもとづく行動も顕著である。自分の身の回りにある世界を十分に理解したいという欲求は，遊びの発達を支えるものである。より大きな喜びや満足を得ようとして探索を行うもので，興味，驚きといった情緒をともない，好奇欲求，好奇心と呼ばれる。

▶3　好奇心

　アリの行列をじっと飽きずに眺めている子どもの目は，きらきらと輝いている。こういったときに，子どものなかには好奇欲求（好奇心）が生じている。不思議なものや美しいものに出会ったとき，そのわけを知ろうとしたり，夢中で取り組んだりする。好奇心は人のもともとの性質と考えられる。子どもたちの好奇心をなくさずに育てるためには，次のような，周囲のおとなの配慮あるかかわりが必要である。

(1) 好奇心と，それにともなう興味，驚き，不思議といった情緒を大切にする。すぐに答えを与えるのではなく，まずは，その気持ちに共感して，いっしょにおもしろがる姿勢が大切である。

(2) さまざまな生活体験，自然体験のなかに，好奇心が発揮されるような場面は多い。好奇心が喚起されるような豊かな体験の場を用意して，感情が揺さぶられる機会を用意するようにこころがける。

(3) 子どもの理解の仕方はおとなのそれとは異なる。おとなから期待される答えを一律に与えるのではなく，個々の発達に応じて好奇心が育つように手助けをする。

▶4　欲求不満とその対処行動について

a　欲求が満たされないとき

　欲求は常に満たされるとはかぎらない。おもちゃが欲しいのに親が買ってくれないとか，絵を描いていても思うようにかけないとか，むしろそういう場面の方が多いくらいである。このように欲求を満たそうとして起こす行動が妨げ

られたときに体験する，心理的な苦悶を欲求不満（フラストレーション）という。

　おとなの場合，欲求不満への対処としては，まず合理的解決がある。これは，意識的に行われる合理的な課題解決行動である。何らかの原因で欲求が阻止されている場合，その障害を取り除く（克服），障害を避けて目標に近づく（迂回），代わりの目標を設定してそれで満足しようとする（代償），障害が解消するまで欲求を一時的に抑える（抑制）の各方法を検討して，最適な方法を選択する。それによって一時的に心理的な緊張が解消されると欲求不満に対処することができるが，うまくいかない場合には，防衛機制が生じる。これは，欲求不満によって自我が脅かされるため，それから自我を守るためにはたらく無意識的な反応である。抑圧，反動形成，逃避，合理化などがよく知られている。これもうまくはたらかない場合には，欲求不満行動といわれる行動が引き起こされる。

　乳幼児の場合，まだ，合理的解決や防衛機制のはたらきはうまく機能しない場合が多い。怒りや不満などの不快な情緒をそのまま表現したり，かんしゃくを起こして泣き喚いたり，ひっくり返って手足をバタバタさせたりといった行動がよくみられる。これらは欲求不満行動の例である。わがままな行動，困った行動とみるよりも，欲求不満を体験しているのであり，それを上手にコントロールすることができないのであるとみることが大切といえる。このような表出それ自体は子どもにとっては意味のあることなので，やめさせるのではなく，上手にコントロールできるようにしてあげなくてはならない。

　欲求不満によってかんしゃくを起こすことは，3歳ごろをピークに減りはじめる。4歳ごろからは，ことばの発達にともなって，暴言を吐いたり，憎まれ口をたたいたりといった怒りの表出が目立つようになる。同時に，友だちと遊べるようになるために，お互いの欲求がぶつかりあって，いざこざが

増え，やがてそれはいわゆるケンカに発展していく。こういったお互いの衝突によって不快な経験を重ねることは，相手の不快さを理解すること（共感性）や正しいことを心地よく感じて不正を正そうとする気持ち（正義感）の発達にとって，重要である。

このようなトラブルには，お互いの気持ちを聞いて，欲求不満を上手にコントロールすることを教えるなど，ていねいな対応が求められる。トラブルはとにかくいけないとばかりに，頭ごなしにその場を治めようとする対応は，こういった発達の機会を奪うことになるために注意が必要である。

b 欲求不満の反応

欲求不満が適切にコントロールできないと，欲求不満行動を示すようになる。これは，過度な体験によって，ストレスが昂じた状態と考えられる。ストレスとは，ストレッサーと呼ばれる刺激によって，こころやからだにゆがみが生じた状態のことである。欲求不満行動には，次のような不適応行動がある。

(1) 赤ちゃん返り　　退行といわれる現象で，より未発達の段階の行動を示すようになる。収まっていたおねしょ（夜尿）が再びはじまったり，ことばが上手に出なかったり，詰まったり（吃音）する。

(2) 攻撃行動　　友だちや先生，親をわけもなくたたいたり，髪をひっぱったりする。また，ものにあたったり，壊したり乱暴に扱ったりする。攻撃が自分に向けられて，頭を壁や地面に打ちつけたり，髪の毛を抜いたりすることもある。それまでひとりっ子だった幼児が下の子をいじめるのもこれである。

(3) こだわり　　異常固着行動といわれる。意味のない行動を何度も繰り返す。たとえば新聞紙を細くちぎることを長時間繰り返すといった行動がそれである。

コラム5　幼児虐待症候群

　1979年（国際児童年）当時，アメリカを中心に社会問題となっていたのが「幼児虐待（child abuse）」であった。そのころ日本では「家庭内暴力」が深刻な問題であった。ところが最近の日本でも，幼児虐待の症例が次々に見受けられるようになってきた。小児科に運び込まれる子どもの増加や，児童相談所での相談件数の急増などによって，わが国でも1990～1991年にかけて幼児虐待を防止するために電話相談が開設されるに至っている。

　幼児虐待症候群，これはPSD（psycho-social dwarfism：心理社会的未熟症）と呼ばれる症状である。親の不適切な養育行動の結果，こころとからだの双方に，何らかの発達の遅れやゆがみが生じ，後遺症が残ったり死に至る場合もある。たとえば，階段から落ちたといって病院に運び込まれた子どもの肋骨がばらばらに折れていた。親に問いただしたところ，友だちの家から黙っておもちゃを盗んできたので折檻をしたことがわかったという。「人さまのものを盗む子にならないために，今のうちに厳しくしかっておかないと」と，親は主張する。

　症候群の内容は，骨折・硬膜下出血・軟組織の腫脹・皮膚の打撲・栄養不良・突然死などであり，虐待の行動は，(1)身体的虐待，(2)放置，(3)心理的（言語的）虐待，(4)性的虐待，などに分類することができる。

　こうした親による暴行・虐待が起こる背景としては，次のようなものが考えられよう。①子どもは親の所有物であるといった子どもの人格を無視した感覚がはたらいている。②子どものしつけには体罰が必要であるとする考え方が信念としてある。③子どもの養育は，「社会的」な問題ではなく「家庭内」の問題であるから，他者が口出しすべきではないとする考え方がある。④過剰に氾濫している育児書やマスコミの影響によって，発達の基準値や規格的な子育てが押しつけられ，過剰な焦りや不安を与えると同時に，親が本来もっている養育性や母性・父性などの感覚が麻痺させられている。

　急激な欧米化が進むなか，歴史的・社会的文脈のもとでこの問題を考え直す時期にきていると思われる（丹羽，1997）。

(4) くせ（習癖）　神経性習癖といわれる。爪嚙み，指しゃぶりなどは通常は発達の過程でみられる一過性のものであるが，それがいつまでも続くような場合には，欲求不満行動やストレス反応である可能性がある。

c　我慢するこころ

昔に比べて今の生活は，我慢を必要としなくなった。社会的，経済的な成長がもたらした，豊かな生活は大変に喜ばしいことであるが，一方で我慢する機会がなかなか得られないために，子どもが我慢するこころを育てるにはむずかしい時代であるともいえるだろう。

我慢する力のことを，欲求不満耐性という。欲求不満耐性を育てることで，毎日の暮らしはより楽しいものになる。少しくらいの欲求不満は毎日体験することであるが，耐性の弱い人にとってそれは耐えがたい苦痛であるが，同じ場面であっても耐性の強い子どもにとっては平気なものである。

欲求不満耐性は，欲求不満の体験があってはじめて育てることができる。周囲の人たちの配慮によって，いつも満足ばかりでは，我慢する経験がないためにコントロールする力を育てる機会が得られない。かといって，欲求不満の過度の経験は，子どもの緊張を高め，欲求不満に対する敏感さを強めてしまうために，かえって欲求不満耐性を弱くしてしまう。適度な欲求不満の経験とは，その子の発達段階に応じて，少しがんばれば耐えられるような強度と頻度の経験といえる。周囲のおとなが，子どもの様子をみながら上手にコントロールしてあげるとともに，悔しい気持ち，悲しい気持ちを共感的に理解すること，合理的解決ができるように促し，手助けすることで，子どもの欲求不満耐性は育っていく。

📖 読書案内

澤田瑞也　2009　感情の発達と障害――感情のコントロール　世界思想社
上淵　寿　2008　感情と動機づけの発達心理学　ナカニシヤ出版
桜井茂男　1998　子どものストレス――たくましい子に育てるストレス対処法（New 心理学ブックス）　大日本図書

6章 ● ことばとコミュニケーション

エピソード

「ただいま」と玄関のドアを開けると,大きな声で「パパ,タダイマ」と,3歳になる息子。続けざまに「キョウ ヒマワリ ミタヨ」「キョウ オクスリ モラッテキタ」「キョウ……」。最初,何のことかわからなかったが,妻の説明で私はうなずいた。最初のことばはともかく,次のことばは「ひまわりの花を見た」こと,そしてその後のことばは「病院でくすりをもらってきた」ことを報告したのである。

休日の朝食の時間,息子に向かって「早くごはんを食べなさい」というと,「ドウシテ」という返事。「これからお買い物に行くんだから」というと,また「ドウシテ」という。理由をいうたびに,「ドウシテ」「ドウシテ」。こういう会話は延々と続いた。

子どもは,おとなからみると,まさに「どうして」と思うような発話行為を繰り返す。こうしたことは,程度の差こそあれ大部分の子どもにみられる。こうした質問期はやがて終わり,おとなと同じようなことばづかいをするようになっていく。

> ことばを習得する過程では，人や環境の影響を受けて，多様な発達の様相を示す。ことばに対して心理学的アプローチをとる言語心理学は，言語発達のかなりの部分を明らかにしてきた。本章では，言語心理学の研究成果を中心に，コミュニケーションの道具であることばについて，その原点ともいえる母子相互作用，ことばの発生と習得の過程，そしてより良いコミュニケーションのためのことばの指導のあり方について述べることにする。

1節 コミュニケーションの原点——母子相互作用

　ことばは，人と人との交流，すなわちコミュニケーション活動において大切な役目を果たす。たとえば，自分の感情や意思を他の人に伝えたり，逆に伝えられたりする。また，ことばは知識を獲得したり，それをもとに考えたりするうえでも重要なはたらきをする。それでは，こうした多様な機能をもつことばはどのようにして生まれてくるのであろうか。

▶1　「無力」ではない赤ちゃん

　赤ちゃん（新生児・乳児）はことばをもたない代わりに「泣く」という力がある。ほとんどの赤ちゃんは誕生と同時に「オギャー」と泣くが，この「泣き」が周囲の者，特に母親の注意を喚起する大きな力をもっている。赤ちゃんは，最初は泣くだけだが，生まれて3カ月もすると周囲に対して「ほほえみ」かけるようになる。これを見た周囲の者は，ほとんど例外なく反応してしまう。つまり，赤ちゃんの発する音声や表情自体に周囲の者を引き付けて離さない力があるのである。これは，赤ちゃんが「無力」な存在ではないという有力な証拠となっている。

　また，形態の面からみると，赤ちゃんはおとなに比べて丸々としており，頭が大きく手足が短い。ローレンツ（1943）は，他の動物にも共通するおとなと赤ちゃんの相違として，顔の特徴をあげている（図6-1）。動物のおとなの顔は

一般に額が張り出していて大きいが，子どものほうは目が大きく顔の中央より下にある。こうした生得的要因も周囲のおとなを引き付けるものである。

以上述べたことは，主に生まれたばかりの赤ちゃんから周囲のおとなが感じるものといえるが，赤ちゃんの側にも，さらにそれを増幅するような能力が備わっている。赤ちゃんは，一般に，環境のなかのさまざまな音のなかでも人間の声，特にことばに対してより多くほほえみ反応をするといわれている。反応の強さは男性よりも女性，一般の女性よりも母親に対して強いことも明らかにされている。さらにほほえみ反応は，ことばだけでなく顔の形にも影響を受ける。さまざまな音や形のなかでも人間の音声や顔に反応する傾向が強いことも赤ちゃんのもつ能力の1つといえる（図6-2，図6-3）。

このような赤ちゃんが生得的にもっている能力は，周囲のおとな，特に母親と赤ちゃんの結びつきを強め，ことばの発生を促す大きな推進力となっている。

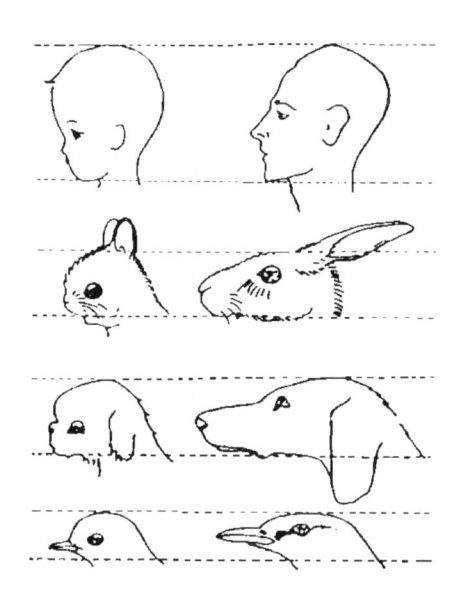

図6-1　人間と動物のおとなと子どもの形態比較（ローレンツ，1943）

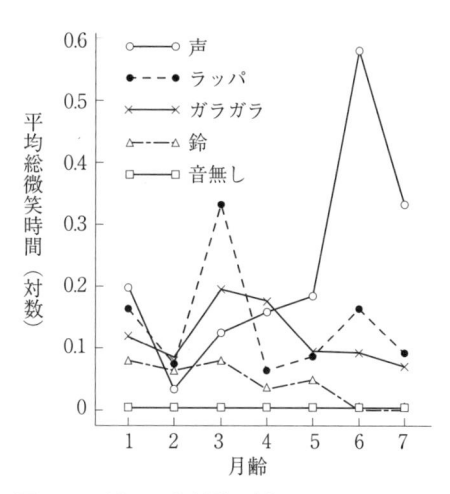

図6-2　種々の音刺激に対するほほえみ反応（高橋，1974）

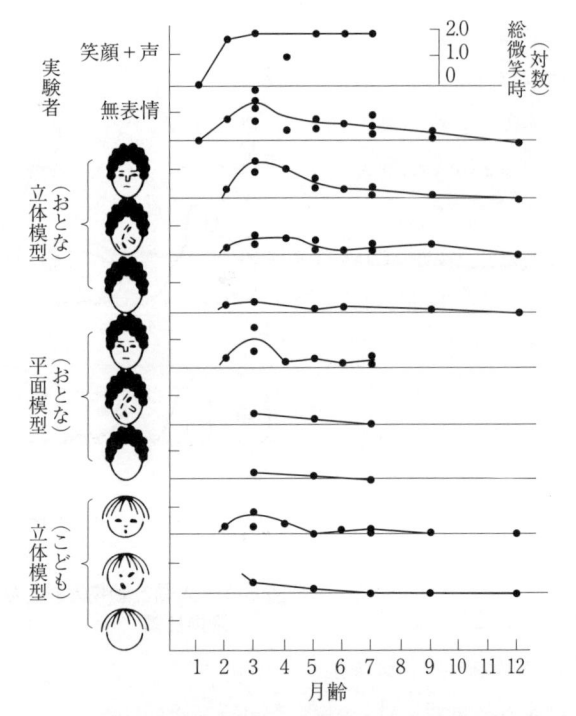

図 6-3　数々の顔模型に対する乳児のほほえみ反応の変化
（高橋，1974）

▶2　母子相互作用とことばの習得の関係

　前述のような要因に支えられ，赤ちゃんは自然に母親を中心とする周囲の養育者と頻繁に向かいあい，ことばを交わす機会をもつようになる。
　赤ちゃんが母親の顔をみると，母親は絶えず赤ちゃんに対して何らかのはたらきかけをする。たとえば，赤ちゃんの機嫌が良いと，「○○ちゃん。ママよ。イナイ・イナイ・バー」と言い，機嫌が悪くぐずったり泣いたりすると，「○○ちゃん。よしよし」と，抱きながらあやしたりする。こうしたはたらきかけは，自然にことばによるコミュニケーションや感情のやりとりを促進しているのである。図6-4には母親と子どもの会話のやりとりの様子が示されている。
　やがて母親と子どもの対話は，食べ物や「ガラガラ」のようなおもちゃなど

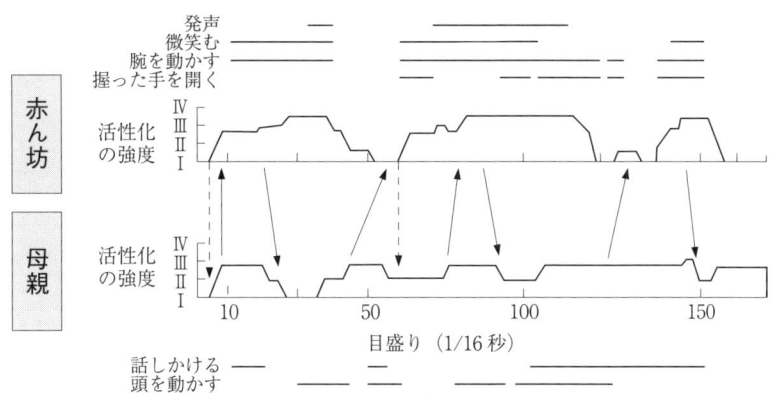

図6-4 母親と子ども（赤ん坊）との「会話」
（レトヴァルセン，1977；新井，1988より一部修正）

の「もの」を介して進むようになる。これは母親と子どものあいだにものが入り，それを介して行われるところから「母親─もの─子ども」の「三項関係」と呼ばれ，母親と子どもの「会話」をより促進すると同時にことばのシンボル（象徴）としての機能に対する理解を助ける（岩田，1990）。

2節 ことばの発生とその発達

　ことばの発達は，その過程であらわれる特徴でまとめると，いくつかの段階（発達段階）に分けることができる。研究者によってその区分に若干差が認められるが，その順序はほとんど同じである。ここでは，ことばの発達段階を3つに分け，それぞれの段階であらわれることばの発達上の特徴について述べる。

▶1　前言語期（0歳〜1歳半）

　この時期は，誕生してから1歳半ごろまでが該当する。
　冒頭で述べたように，子どもは誕生と同時に泣き声を発する。一般には「産声」と呼ばれるが，これを含めて，子どもの泣き声は周囲のおとなにとって気

がかりな音声であり，そのことが身近なおとな（ふつうは母親）と子どもが相互にふれあう機会をつくる。同時に，おとなと子どもとの言語的相互作用を生み出す契機となる。

さらに2～3カ月が過ぎると，「クークー」とか「ブーブー」といった一定のリズムの音声を発するようになる。これが「喃語(なんご)」である。

やがて，子どもは母親を中心とする周囲のおとなのかかわりのなかで，ことばらしい発声をするようになる。すなわち，母親が子どもに向かって「わたしが○○ちゃんのママよ」と話すことを繰り返しているうちに，子どももそれをまねて「マンマ」とか「ママ」と言うようになるのである。これは「模倣」と呼ばれている。

子どもは3カ月を過ぎるころから，泣くことによってより積極的に自分の欲求を示すようになる。おなかがすくとそのために泣き，自分の欲求を知らせる。それを受けて母親が「はい，マンマよ」と言いながら母乳やミルクを与えていると，1歳ごろには，おなかがすくと「マンマ」と発声するようになる。

このように，最初の発話は模倣や子どもの欲求と結びついた形で習得されることが多い。

発話のなかでも，同じ内容のことについて一貫して同じことばを発するようになったとき，そのことばを「初語」と呼ぶ。初語は1歳前後で発することが多いが，どのようなことばを発するのであろうか。斎藤（1974）が調べたものを表6-1に示す（村上，1985）。これをみると，1位が食べ物に関するもので，前述のように食べるという人間の最も基本的な欲求と結びついていることがわかる。2位は母親，3位は父親，以下，動物，あいさつ，乗り物の順となっている。子どもとかかわりの強い順にあらわれるのが初語の1つの特徴

表 6-1 初語の内容（斎藤，1974；村上，1985 より引用）

順位	意味	数	ことば
1	食べ物	59	マンマ，ウマウマ，パイパイ，ブーブ，ニューニュ，パン，ツルツル
2	母親	45	ママ，チャーチャン，マンマ，マーマ，パッパ
3	父親	30	パパ，オト，チャン，パッパ
4	動物	19	ワンワン，ニャーニャー，チュンチュン，ウォー
5	あいさつ	17	バイバイ，バー
6	乗物	17	ブーブー，ブーブ，ブークー，ウーウー
7	否定	5	イヤ，イヤイヤ，イヤヨ，イナイナ
8	ベッド，ねる	5	ネンネ，ネンネンヨ
9	祖父母	3	オジーチャン，バーバー，バーバ
10	きょうだい	1	ニーチャン
11	遊び	1	コマ
12	自分	0	
	その他		シー，チー，アッチ，イタイ，アツイ，シッコ，タータ，ハッパ，ウキ，オッキサン，アオ

である。

　一方，最近では，この初語に異変があらわれているという報告がある．詳しくはコラム6で紹介するが，子どもをとりまく環境が従来と大きく変わってきていることがうかがえる．同時に，それがその後の子どもの言語発達にどのような影響をおよぼすのかが注目されている．

▶2　ことばの拡大期（1歳半～4歳）

　この時期の1つの特徴として，語彙数の増加をあげることができる．語彙の種類としては子どもが理解している語彙（理解語彙）と，実際に使用している語彙（使用語彙）がある．日本人の子どもの使用語彙について調べた結果によると，2歳までに200～400，3歳までに800～1000，4歳までに1500内外，5歳までに2000～2400もっているという（阪本，1954）．

　1歳半ごろまでは「マンマ」「ブーブ」などの1語文が主流であったが，語彙の増加とともに，「マンマ・ブーブ」のような2語文が発生するようになる．さ

表 6-2　幼児のよく使う育児語（大久保，1977）

項目	育児語	項目	育児語
抱く	ダッコ	さます	フーフー　アチチ
背負う	オンブ	手	オテテ
就寝する	ネンネ　コトン	牛	モーモー　ワンワン
自動車	ブーブー	足	アンヨ
横臥する	ネンネ　ゴロン	腹	ポンポン
起立する	タッチ	小鳥	トット　チュンチュン
猫	ニャーニャ		チッチ　ピーピー
	ニャンコチャン		コッコ　ハト　ポッポ
歩く	アンヨ　タッタ	這う	ハイハイ　バタバタ
	ヨイヨイ　トントン	皮をむく	ムキムキ　キレイキレイ
	クック		パイ
字を書く	ジージー　ニョウニョウ	眼	オメメ
	カキカキ　イロイロ	汽車	ポッポ　ゴー
	キレキレ　オエカキ	注射	イタイイタイ　チクン
すわる	オスワリ　エンコ	しかる	メッ　アップ　ピーン
	チャーン　オッチャン	水	オブ　チャチャ　ギュ
	シャンシャン		ジャー　アブチャン
すてる	パイ　ポイ　ナイナイ		ツメタイツメタイ
	バッチイ　ジャン	入浴する	オブ　ボチャボチャ
けがする	イタイイタイ　アブイ		ジャブジャブ　ドボン
	コワイ		プチョプチョ
サヨナラ	バイバイ		パチャパチャ
排便する	ウンチ　クサイクサイ		ビチョビチョ
	チーチー　アッポ	金魚	トット　チッチ
	ピョンピョン		キントト
きたない	バッチイ　ペッペ	ねずみ	チューチュー　キーキー
犬	ワンワン	魚	トット　チッチ
散髪する	キレキレ　チョキチョキ		ウマウマ　オイヨ
	カンカン　パチパチ	自転車	チンチン　リンリン
	ドコドコ　メンメ		ブーブー

注）アンダーラインのある語は，いちばんよく使われる言い方を示す。

らに，これは「マンマ・ブーブ・トッテ」のような多語文の構造をとる発話に発展する。これらはいずれも周囲のおとなとのかかわりのなかで身につけていく。

たとえば,「マンマ・ブーブ・コッテ」と子どもが発話すると,母親は「マンマ・ブーブ・トッテ」と正しく言い直す。これは「拡充模倣」と呼ばれるが,こうした経験の積み重ねが,子どもの言語能力やコミュニケーション能力を高めることになる。なお,「マンマ」や「ブーブ」はおとなが幼い子どもを相手に話しかけるときに用いるもので,「育児語」と呼ばれている。表6-2に示すように,育児語にはさまざまなものがある。周囲のおとなは,少なくとも就学前までには,子どもが正しい表現で発話できるよう注意すべきである。

また,この時期で大切なものとして文法規則の習得がある。1歳半を過ぎたころから2語文を発するようになるが,その際「スキクナイ」のような誤りもみられる。こうした誤りは周囲のおとなの言い直しなどによりしだいに消失し,「スキデハナイ（スキジャナイ）」のような正しい表現をするようになる。さらに,2歳を過ぎるころから3語文以上の多語文もあらわれ,同時に,仮定や原

コラム6　初語異変

　初語は,1歳前後の子どもが発することばのなかで,一貫して同じ内容のことに対して発するようになったことばのことである。これまで報告されたものをみると「ママ」や「マンマ」が代表的である。初語の種類については本文のなかで詳しく説明し,その例や出現数を示しているが,最近ではこの初語が変わってきたという報告がある。杉原(1990)によると,「カイジュウ」「ポパイ」「ゴロンタ」「ギャバン」「ハットリクン」「ムカチムカチ」「モンモン」ないしは「モン」（ドラえもん）などが初語としてあらわれたというのである。その他「アクア」や「マイン」などもみられたという。これらはテレビの人気キャラクターやコマーシャルで流されたものが大部分だが,問題は,実体と結びつかない架空のものが初語になっている点である。もともと,日常生活のなかで子どもの欲求と結びついたものが初語になっていたのであるが,これはいったい何を意味するのであろうか。

因をあらわす「～だったら」や「～したから」などの表現も，完全ではないが使えるようになる。

▶3　ことばの充実期（4歳～6歳）

この時期になると，大部分の子どもが通常の生活に支障をきたさない程度の会話が可能になる。同じ年ごろの仲間とのコミュニケーションも活発になり，語彙数も一段と増加していく。この年齢の子どもの大多数は保育園や幼稚園に通うようになるが，子どもどうしでのコミュニケーションは，新しいことばはもちろん，保護者や保育者が教えたことも聞いたこともないことば（子どもどうしでのみ通用することば）の習得も促すことになる。こうしたことは，同時に，子ども自身が，それまで周囲のおとなの"管理下"にあったことばを離れ，子ども固有のことばの世界に入っていくことを促進する。それがことばのもつもう1つの側面である「思考の道具」としての機能を高めていく。

3節　ことばの教育とコミュニケーション

前の2つの節では，ことばの原点となる母子相互作用の意義，ことばの発生とその発達の様相について述べた。それでは，実際に子どもがことばを用いて豊かなコミュニケーションを行えるようになるには，保護者や保育者はどのようなことに留意すればよいのであろうか。

そのためには，まず第1に，子どもとおとなが知識を共有する機会をつくることである。たとえば，「このお菓子おいしいね」「これはワンワンよ。かわいいね」のように，食べ物や動物などの具体物を介した三項関係のなかで知識を共有したり，具体物に対して感じたり考えたりしたことをことばにすることが大切である。こうしたことの繰り返しのなかで子どもは，ことばが自分にとって便利なものであるという意識や，もっと使ってみたいという気持ちをもつのである。これは教え込みをしたり練習をしたりしたからといってすぐに身につ

くものではない。日常的なおとなと子どものふれあいのなかで獲得されるものである点に留意してほしい。まわりのおとなが十分に子どもを受け入れ，愛情をもって接してやれば，人間どうしのふれあいを土台にしたことばの学習ができるのである。

　第2に，自分の意思や感情を他の人にどうしてもわかってほしいという，強い欲求をもたせることである。これは，前節で述べた「ことばの拡大期」から「ことばの充実期」にあたる3歳〜就学前にかけて特に大切になるが，ことばが子ども自身にとって役に立つ便利なものという意識もさらに増幅することになる。子ども自身の欲求と結びつくことは，ことばの習得を容易にするばかりでなく，ことばを習得しようという意欲も高めるからである。さらに，こうしたことは，自分の意思や感情をその場にいない第三者に伝えることを可能にする「文字を使って表現すること」への基礎にもなるのである。

　なお，大久保（1977）は，幼児期にある子どもに対して保護者や保育者がことばの指導をする際のポイントを，その前期（3歳以前）と後期（3歳以降）に分けて述べているので参考にしてほしい。

　(1)　幼児期前期
　　　①語りかける。　　　　　　　　②正しい発音をする。
　　　③適切なことばづかいをする。　④正しい文で話す。
　　　⑤環境を豊かにする。　　　　　⑥お話をしてあげる。
　　　⑦歌を歌ってあげる。　　　　　⑧しつけのことばの指導をする。
　　　⑨ことば遊びをする。

　(2)　幼児期後期
　　　①ことばで表現する機会を多くつくる。　②語彙の獲得と拡大をはかる。
　　　③文法の指導をする。　　　　　　　　　④話すこと聞くことの指導をする。
　　　⑤テレビの指導をする。

　ここに取り上げたことは，コミュニケーションを豊かにすることばの教育を実践するうえでの目安にもなる。ただし，幼児期後期の⑤にあるテレビの指導については，コラム6の「初語異変」とも関連するが，慎重な配慮が必要であ

る。特に，テレビ視聴は，内容によって子どもの発育にとってプラスにもなればマイナスにもなる。テレビは豊かな情報をもたらすが，必ずしも子どもにとって有益なものばかりではないからである。また，言語情報を与えるだけではコミュニケーション能力が育たないのはいうまでもない。

　また，近年，幼児教育においては人間関係を豊かにすることばの大切さが強調されるようになった。その結果，ことばをとおしたコミュニケーションのなかでも，大久保（1977）が取り上げた「話すことと聞くこと」が重視されるようになった。

　たとえば，「話すことと聞くこと」の指導に関しては，次のような点に留意する必要がある（福沢・池田，1996）。まず，「話すこと」の指導については，幼児が話したくなる環境づくり，つまり，幼児が自分で考えていることを積極的に話すという態度をもつようにすることが重要である。そのためには，周囲にいる者が幼児のことばをよく聞くこと，それを受けて正しくわかりやすいことばで話すことが大切である。よく聞くことは，幼児にとって自分の話を聞いてもらえた喜びにつながる。また正しくわかりやすいことばで話すことは，幼児にとって正しい表現やことばに気づく良い機会となる。

　次に，「聞くこと」の指導では，友だちや先生の話を聞くときに静かに聞く態度を養うことが基本となる。つまり，話す人に注意を集中して聞くことが大切である。そのためには，話す人のほうにからだを向け，話す人の目を見て聞く習慣をつけるようにするとよい。

　以上のように，ことばの教育は，日々の生活をとおして身についていく。そこで，基本的生活習慣の1つととらえ，ことばの教育を行うことが，環境としての保育者がこころがけるべきことになる。

読書案内

福沢周亮（編）　1996　言葉の心理と教育　教育出版
福沢周亮・池田進一　1996　幼児のことばの指導　教育出版
福沢周亮（監修）　藪中征代・星野美穂子（編）　2008　保育内容・言葉——乳幼児のことばを育む　教育出版

7章 ● 人間関係

エピソード

　ある幼稚園で，子どもたちと面接をしたり，担任の先生に子どもたちの様子を聞いていたときのことである。ある年長のクラスの男の子（A君）は，園長や主任の先生の話によれば，大変しっかりしていて，とても良い子だという。ところがそのクラスの子どもたちにあれこれ聞いてみると，男の子の半分くらいはA君のことを好きだと答えたが，残りの男の子たちはA君のことを嫌いだと答えた。どうして嫌いなのかと理由を尋ねると「いばっているから」という返事が返ってきた。
　そのとき，「ははあ，なるほど」と思った。しっかりして，はきはきした子どもは，先生の目から見るとたしかに良い子どもである。実際に，A君もクラスのリーダー的な存在であった。しかし，そのしっかりしていることが災いして，友だちのすることにいちいち口をはさんだり，あれこれ指示を出すものだから，まわりの子どもたちはそれを「うるさい」「いばっている」と感じていたのである。おとなの世界でもそうだが，人とつきあうことはなかなかむずかしいものである。

心理学では人と人が出会う場合はすべて「社会」である。本章では，人間関係をつくる能力，すなわち社会的能力の発達の道筋や，乳児期から幼児期にかけての人間関係の発達の経緯について紹介する。乳幼児期は，親子関係をベースにしながら，徐々に新しい外の世界に出ていき，友だちをつくっていく大切な時期である。1節では人間関係の出発点である家族関係を，2節では家族関係から友だち関係への広がりと遊びの発達を扱う。3節で友だちとのつきあい方について詳しく紹介し，4節ではさまざまな人々とのかかわりについて紹介する。さらに5節では，性役割の問題を論じる。

1節 人間関係のはじまり

多くの場合，子どもにとって家族関係が最初の人間関係といえる。乳幼児期の母子関係については多くの研究があり，父子関係やきょうだい関係についての研究も報告数が増えてきた。父子関係や養育環境については11章も参照してほしい。

▶ 1 新生児期から乳児期の親子関係

生後1カ月くらいまでの子ども（新生児）が示すさまざまな行動は，ヒトが生物としてもって生まれた能力である。近年の研究で，胎児や赤ちゃんのもつさまざまな能力が解明されつつある。生後すぐの新生児でも周囲のものを見ることができ，乳児はさまざまな絵や図形のなかでも人の顔を最も好んで見つめる（3章図3-1）。また，目の前で舌を出したり口を開けたりさまざまな表情を示すと，自分も舌を出したり口を開けたりするなど，人間に対する強い興味や応答能力をもって生まれてくることもわかってきた（図7-1）。図7-2は立元（1993）が行った同様の実験の結果である。このように，乳児はおとなの表情の変化に応答しているのである。

母親が子どもをあやすときに，子どもの表情やしぐさ，発声をそっくりまね

することがあるが，新生児は母親のことばかけの抑揚やリズムに合わせて眉を上げたり，手や腕，からだ全体（腰）を動かしたりする。それを見た母親が子どもの動きに合わせてあやすと，いつの間にか両者の動作のタイミングがぴったりと合ってくる。これが「相互同調性」で，人間関係の基盤であると考えられている。母親の声かけからわずかに遅れて手や足の動きで反応することを「エントレインメント」ともいう（6章図6-4）。

図7-1　母親の顔を見て舌を出す新生児

生後1年のあいだに子どもは主な養育者（多くの場合は母親）との人間関係を確立していく。生後2週の乳児の前に母親の顔と見知らぬ女性の顔を映すと，母の顔のほうをよく見つめる。しかし，知らない女性の顔を映して母の声をスピーカーから流すと，赤ちゃんは顔をそむけたり泣いたりするなど，不機嫌な様子を示す。この実験から，乳児の頭のなかでは母親の顔と声が結びついて，

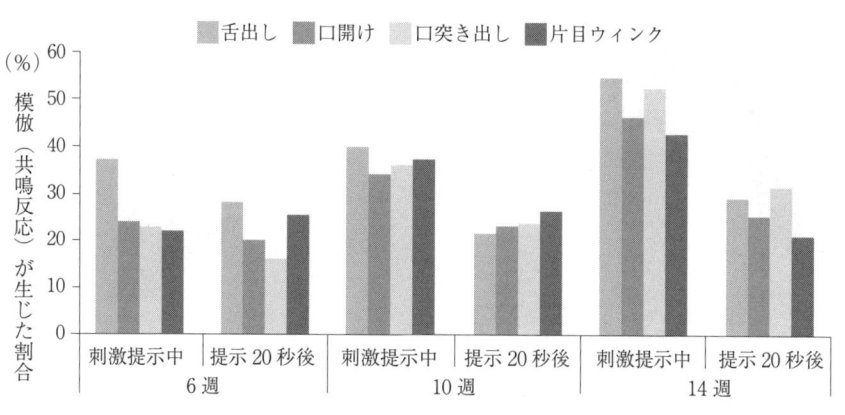

図7-2　共鳴反応の出現（立元，1993より作成）

母親のイメージが形成されていることがわかる。乳児は視覚・聴覚・触覚などさまざまな感覚情報を頭のなかで連合して，身の回りのものごとを認識しているのである。

　母親が子どもをあやすときには，話し声よりも甲高い声で，抑揚やリズムがはっきりしたことばかけをすることが多い。この独特な発声を「母親語（マザリーズ）」と呼び，乳児は母親のことばかけをまねて似たような発声をすることが知られている。2カ月の乳児はことばを理解することはできないが，母親の声の調子に応じて自分の声の調子も変える。このことから，乳児は抑揚やリズムを聞き分け，発声を使い分けて応答できることがわかる。また3カ月ごろになると脳の成熟も進み，顔のような複雑な情報も認識できるようになる。そして，周囲の人の顔をかなり正確に見分けられるようになる。

　表情や声の調子，視線を合わせるなど，ことば以外の要素で行われるコミュニケーションを「非言語コミュニケーション」と呼ぶが，あやしという行為には，子どもの顔を見つめたりさまざまな表情をする，さまざまな発声をする，抱き上げて揺すったり「たかい たかい」をするなど，非言語コミュニケーションがたくさん含まれている。特定のおとながあやしてくれることで，乳児はそ

図 7-3　あやしによる情動の調整

の人のあやし方のパターンを理解し，自分もそれに応じて歓声を上げたりからだを動かすようになる。こうして子どもは特定の養育者とのあいだに特有のコミュニケーションのパターンをつくり上げていく。バウアー（1979）は生後7〜8カ月ごろまでにこうした母子間のコミュニケーション・パターンが確立されると述べている。これが「アタッチメント（愛着）」の基盤となるのである。

　慣れ親しんだ養育者とのコミュニケーションは子どもにとって安心できるものである。そこに見知らぬ人がやってくると安心できるパターンとは異なったあやし方が行われる。こうした新奇な刺激は子どもの不安を喚起する。乳児が7〜8カ月ごろから「人見知り」をするようになるのは，母親とのコミュニケーション・パターンが確立された後に，新しいパターンではたらきかけられることに不安を感じるからだと考えられる。

　また，乳児は空腹や排泄で不快な気分になったときに，自分で解決することができない。そこで，泣いておとなに自分の不快を伝え，これを解消してもらう必要がある。気分が良くなってくると乳児は微笑や笑い声を発する。また，養育者は，子どもが眠くなってぐずるとあやして気分を鎮めたり，寝起きでボーッとしているときには強い刺激で覚醒させてくれる。乳児は自分の気分をコントロールすることができないので，おとながあやすことで気分や覚醒水準を調整してやる必要がある。おとなが子どもの気分を調整してやることを「情動調整」と呼び（図7-3），安定した愛着を形成するためにも大切なことである。

▶2　アタッチメントの成立

　おとなのあやしによって，子どもは周囲の人とのコミュニケーションを体感し，さらに気分や覚醒水準を調整してもらうことができる。乳児が泣き方や表情をさまざまに変えたときに，子どもの様子に敏感な母親は空腹なのかおむつが濡れて不快なのか，怖がっているのかといったことを読みとり，それに応じて授乳したりあやしたり，対応の仕方を変えていく。こうして乳児は，自分が表現した内容がたしかに他者に受けとめられている実感をもつ。そして人とコミュニケーションすることの喜びを体験する。

これらのやりとりを通じて，乳児は自分が周囲から受け入れられていることを実感し，自分を保護・援助してくれる人に対する信頼感を抱く。こうして形成された世界観・人間観を「内的ワーキングモデル」と呼ぶ。これによって子どもは自分の存在を肯定的に受けとめ，自分に自信をもつことができる。やがていつも対応してくれる特定のおとなを求め，いっしょにいるときには安心し，外界に対する興味を示して活発に探索を行う。こうした特定の養育者との心理的な結びつきのことをボウルビィ（1969）は「アタッチメント（愛着）」と呼んだ。一般にアタッチメントは愛着行動として理解されているが，内的ワーキングモデルとはアタッチメントの認知的な内容をさすものである。

　近年のアタッチメントの研究では，子どもは母親だけに愛着を形成するのではなく，母親と父親の両方に異なった形の愛着を形成すると考えられている。一般的に，母親はことばによって子どもをほめたり注意する養育行動が多いのに比べ，父親は子どもとかかわり，頭をなでたり抱き上げたりするなど具体的な行動で，遊ぶためにかかわることが多い。こうしたことから，子どもは母親と父親に対して異なった行動パターンを示し，父親に対しても特別な親和性を発達させる。しかし，父親のあやし行動や子どもとの遊びについては研究が十分ではない。父子関係については11章で改めて紹介する。

　これまでみてきたように，子どもの社会性の発達にとって家族との関係は欠かせないものである。そこで2008（平成20）年に改訂された幼稚園教育要領と保育所保育指針（以下，教育要領および保育指針と略記）では，それぞれ家庭との連携について記されている。教育要領では，第2章の「ねらい及び内容」（人間関係　3内容の取扱い）で「家族の愛情に気付き，家族を大切にしようとする気持ちが育つようにすること」と記されている。また第3章でも家庭との連携の必要性が述べられている。保育指針とその解説書では，第6章に保護者に対する支援という章を設け，家庭との連携のあり方が詳しく述べられている。

2節　人間関係の広がり

1節では，新生児・乳児の社会的能力と母子関係を中心とした家族関係についてふれてきた。子どもはやがて子どもどうしの人間関係を築きながら発達していく。そこで2節ではごく初期の仲間関係についてふれる。

▶ 1　他の子どもとの接触

7カ月ごろになると，乳児はほぼ同じ月齢の子どもに対して興味を示し，手を伸ばして接触しようとしたり笑いかけたりする。相手の子どもも笑い返したり，あるいは手を引っ込めたりするなどの反応を示す。子どもが相手を仲間として認識し，積極的にはたらきかけようとしていることのあらわれである。しかしこの時期にはやりとりはあまり持続しない。相手の持っているおもちゃなどに興味を示して，その結果手を伸ばしたり笑いかけるようなはたらきかけである。

エッカーマンら（1974）は，2歳ごろになると母親よりも他の子どもに対するはたらきかけが多くなると報告している。初対面の2組の母子を同じ部屋で遊ばせると，1歳ごろには母親への接触と相手の子どもへの接触はほぼ同じ割合であったが，1歳半〜2歳のあいだに母親へのはたらきかけは減少し，相手へのはたらきかけが急増した（図7-4）。

丸山（2007）は，保育所の0・

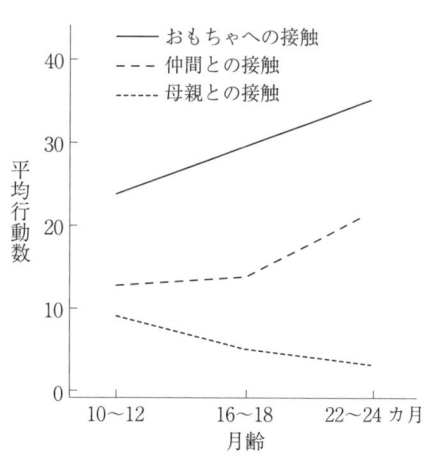

図7-4　初対面の子どもどうしのはたらきかけ（エッカーマンほか，1974）

1歳児クラスで子どもからのはたらきかけ（好意を示す・物の提示，攻撃する・物を奪うなど）とそれに対する応答を観察した。その結果，0歳児クラスの初期は親和的な動作が多かったが，後期から1歳児クラスになるにつれて，攻撃的なはたらきかけが多くなっていた。しかし1歳児クラスの後期では，攻撃的なかかわりが多いものの，親和的な行動も増加していた。

実験室での研究と日常生活場面での研究の結果を合わせると，やはり相互のやりとりが持続するようになるのは1歳半〜2歳ごろになると思われる。相手にはたらきかける行動も，はじめは単に相手を模倣するだけだったのが，やがて相手の行動を受けて遊びを展開させるような，補足的な行動へと変わっていく。たとえば2〜3歳ごろには，1人がボールを投げるともう1人がバットで打ち返すなど，単純なごっこ遊びもみられるようになる。

▶2 遊びにみられる社会性の発達

パーテン（1932）は保育室内での2〜5歳児の遊びを観察して，遊びにみられる仲間とのかかわり方を，①何もしていない行動，②ひとり遊び，③傍観者的行動，④並行的活動（並行遊び），⑤連合遊び，⑥協同あるいは組織化された相補的遊び（協力遊び）の6段階に分類した。社会的発達は，遊び活動そのものがあまり行われない段階から，1人で自分の興味をもった遊びを行う段階を経て，しだいに他の子どもの活動に興味を示すようになり，やがていっしょに遊べるようになっていくものと考えてよい。

「何もしていない行動」とは，はっきりした遊びはしておらず，何かを見たり自分のからだをいじったりうろうろしているような状態である。これは知的発達からみても最も低い活動で，2歳児にわずかにみられるだけである。「ひとり遊び」とは，近くの子どもとは違った遊びをしている状態である。「傍観者的行動」は，他の子どもが遊んでいるのを見ているだけの状態である。この行動が多い子どもは，遊びのレベルが幼いというよりは，むしろ友だちのなかに入っていくことが苦手な，いわば内気・引っ込み思案の子どもであるといえる。「並行遊び」とは，他の子どもの近くで同じようなおもちゃで遊んでいるが，

子どものあいだではやりとりがない状態で、ここまでは社会性の低い遊びと考えられている（9章図9-1）。

「連合遊び」とは、他の子どもといっしょになって行う遊びで、会話やものの貸し借りがある。「協力遊び」はテーマのはっきりした遊びで、役割分担やグループのリーダーが生まれ、いっしょに何かをつくることや競争的な活動（鬼ごっこ、陣とりなど）が含まれる。これは幼児期では最も高度な遊びで、2〜3歳児ではほとんどみられない。お互いのイメージを出しあって遊びのテーマをつくり上げるこうした遊びができることが幼児期の発達課題といえる。

パーテンの研究は、ひとり遊びを社会性の未熟な遊びとみなせるかという点で後に批判された。この問題を詳しく論じたのがルビンである。ルビン（1982）は幼児の自由遊びを観察して次のように報告した。ひとり遊びでも、ごっこ遊び（象徴的遊び）や制作活動のような創造的な遊び（構成的遊び）をしている子どもは、友だち関係に特に問題はないという。またルビン（1986）によれば、友だちとのかかわりが多い子どものひとり遊びは、何かをつくって遊ぶこと（構成的遊び）が多いこともわかった。しかし、遊びが定まらずにふらふらしていたり（何もしていない行動）、感覚を楽しむだけのひとり遊びが多い子どもは友だちから好かれていなかったという。つまり、ひとり遊びのなかでもイメージ力に乏しい遊びが多い子どもは、友だちと仲良くなれなかったのである。

日本の保育園の例を以下に紹介する。3歳児のクラスで1人の男児がブロックを使って飛行機をつくっていた（構成的なひとり遊び）。それを見た別の男児が少し離れたところでブロックを使ってロボットをつくりはじめた（構成的な並行遊び）。やがてお互いをみると、それぞれのブロックで「飛行機対ロボット」の闘いごっこがはじまった（象徴的な連合遊び）。このように、3〜4歳ごろにはそれぞれの子どもが自分のイメージで遊びながら、やがて互いのイメージを共有したごっこ遊びに発展することがよくある。年齢が小さいうちはイメージを使ったひとり遊びが多く、やがて並行遊びから連合遊びが生じ、しだいに連合遊びの割合が多くなっていく。つまり社会性の発達は、遊びの内容（イメージ力）という認知発達に裏づけられたものなのである。

3節　友だちをつくること

　幼児期の発達課題はまた，多くの友だちと遊べるようになることでもある。本節では，友だちをつくるために，どのような行動やコミュニケーション能力が必要かについて述べる。

▶1　集団のなかに参加すること
　仲間入りするための行動については，遊んでいる2人の子どものなかに第3の子どもが入っていくという実験で検討されている。友だちから好かれる子どもは，相手のグループに合わせた発言をして仲間に入ることが多かったのに対して，友だちから嫌われる子どもは相手を邪魔するような行動が多く，友だち関係の希薄な子どもは相手のまわりをうろうろしたり入れてもらうのを待っていることが多かった。つまり，相手の邪魔をしたりずっと待ったりするような方法は，友だちと仲良くなるためには効果がないのである。
　日本の幼児の場合には「入れて」と言うと相手も「いいよ」と答えてくれるので，仲間入りそれ自体は容易なことが多い。しかし中澤（1992）が，2年保育の幼稚園に入園した4歳児を，入園1週目，2週目，4週目の自由遊び時間に観察したところ，のちに友だちから好かれるようになった子どもたちは，孤立していたり相手の邪魔をするなどの不快なはたらきかけは少なく，友だちに対して笑いかける，接触する，ものを渡す，ことばをかけるなどのはたらきかけが多かったという。やはり，うろうろしたり相手の邪魔をするような行動は，新しく仲間をつくるためには向いていなかったのである。
　それでは，友だち関係を維持していくためにはどうすればよいであろうか。また，個々の子どもがクラスの友だちから人気があったり，拒否されたり，無視されたりするのはなぜであろうか。友だち関係を維持するにはまず，自分と相手の関係を判断して，どうすれば相手とうまくやっていけるかを考える力が

コラム 7

ソシオメトリーと子どもの社会的地位

ソシオメトリーは，集団内の人間関係を調べる方法である。たとえばクラスのなかで好きな友だち（選択）と嫌いな友だち（排斥）を3～5人程度あげてもらい，その結果を集計すると，誰と誰が仲良しか，クラスはどんなグループに分かれているか，クラス全体のまとまりはよいか，といったクラス全体についての情報を得ることができる。ソシオメトリーではまた，1人ひとりの人間関係についても知ることができる。多くの仲間から好かれているのは誰か，嫌われているのは誰か，友だちがいない子どもは誰か，といった情報である。

1990年代半ばまでは，子どもの人間関係を調べるためにこの方法がよく用いられてきた。しかし近年は，教育現場でソシオメトリーを用いることが困難になり，ほとんど用いられなくなってきた。特に，嫌いな子ども（排斥の対象児）の名前を尋ねることが，子どもの尊厳を傷つけることになるのではないか，という懸念がある。したがって，保育現場で調査を行う場合でも「よく遊ぶ友だち（選択）」しか尋ねることができない場合も多い。

本章では，ソシオメトリーの研究にもとづいて子どもの仲間関係を紹介している。そこで，クーイら（1982）による人間関係の分類法について解説する。クーイらは選択された数と排斥された数を，下図のように整理した。Ⅰのタイプの子どもは，選択された数が多く排斥された数が少ないので「人気のある子ども」と呼ばれる。Ⅱは選択も排斥もされない「無視される子ども」という。Ⅲは選択が少なく排斥が多いので「拒否される子ども」と呼ぶ。Ⅳは選択と排斥がともに多いので「矛盾する子ども（または敵味方の多い子ども）」と呼ぶ。また，選択と排斥が集団内で中程度であれば「平均的な子ども」という。

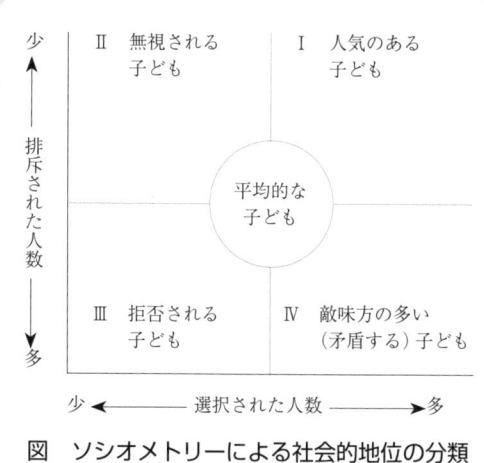

図 ソシオメトリーによる社会的地位の分類
（クーイほか，1982より作成）

必要である。このような判断力を「社会的問題解決能力」と呼ぶ。

柴田（1993）は、ソシオメトリーの選択・排斥と自由遊びの際の行動との関連を調べた。また吉村（1996）は、ソシオメトリーの被選択数にもとづいて、人気のある子ども・ふつうの子ども・人気がない子どもの行動を幼稚園教諭に評価してもらった。これらの結果から、人気のある子どもは協調性が高いことがわかった。つまり、相手の気持ちを察したり、いっしょに楽しい感情を共有することが友だち関係の維持に必要であることがわかる。

▶2 他者を理解する能力

友だち関係を維持するためには、相手の気持ちを理解したり自分の気持ちをうまく伝えることが必要である。表情や声の調子、身ぶりなどの非言語コミュニケーションは、感情を伝達するために重要な手段である。モンフリーズとケイファー（1988）は、相手の表情を理解する力や自分と他者の状況を理解する能力と、仲間内での人気との関係を調べた。その結果、拒否される子どもは相手の表情を読みとる力が弱いことが示された（図7-5）。表情の理解がうまくできない子どもは、自分が不快なはたらきかけ（ちょっかいを出す、意地悪をする）をしたときに、相手がいやがっているのがわからず、不快な行為を続けるために、しだいに嫌われるようになってしまうのである。また、好かれることも嫌われることもない無視される子どもは、自分と相手との状況を理解する力が弱く、相手に拒否されることに敏感なことがわかった。自分がはたらきかけたときに相手が気づかなかったり少し

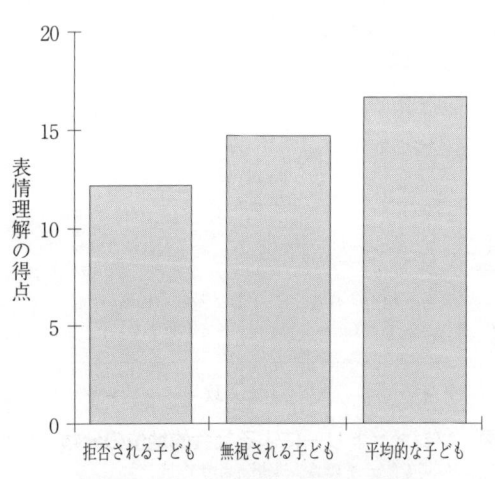

図7-5　友だち関係と表情の理解
（モンフリーズほか，1988より作成）

いやそうな素ぶりをみせると，はたらきかけることをやめてしまう。その結果，友だちとのやりとりができずに孤立してしまうのである。

　マクドナルドら（1984）は，母子，父子間の遊び方と友だち関係の関連性を調べた。その結果，家庭で父親とからだを使った遊びを多く経験した子どもは，男児・女児ともに友だちとの関係が良いことがわかった。からだを使った遊びが多いと，必然的に歓声を上げたり怒ったり，さまざまな感情を表現する機会が多くなる。したがって，自分の感情を表現する力と，相手の感情を読みとる力の両方が養われるのではないかと考えられている。

　また幼児期の発達を考えるうえで欠かせないのが，「心の理論」の獲得である。心の理論とは「こころのはたらきを推測するメカニズム」のことである。こころのはたらきを直接見ることはできないので，他者がどんなことを考えているのかを理解するためには，推測するしかない。子ども1人ひとりが，こころのありようを推測する法則を自分のなかにつくり上げるので，「心の理論」と呼ばれている。一般的には，4歳前後で他者の考えを推測できるようになるといわれている。心の理論が獲得されると，自分と他者がどんな状況にあるかという情報にもとづいて，相手の意図を読みとることができる。他者を理解する能力の獲得にともなって，協調性が育っていくのである。

　現行の教育要領および保育指針では，子どもどうしの共同性を培うことと，規範意識を育てることが重視されている。これは，遊びをとおして他者とさまざまなコミュニケーションの体験をするなかで，他者を理解し，協力して何かを成し遂げることの喜びを十分に感じることによって育ってくる。他者を理解する力と協調性が育ってくるのは，まさに幼児期後期からなのである。

4節　さまざまな人々とのかかわり

　子どもの社会性の発達においては，家族や仲間といった日常生活のなかで接触する頻度の高い人との関係だけでなく，さまざまな人々とのかかわりを体験

することが重要である。現行の教育要領と保育指針でも，高齢者をはじめとした地域の人々とかかわりをもつことがあげられている。私たちはさまざまな人々とともに生きている。共生社会をめざすためには，幼児期から地域の高齢者とふれあったり，統合保育において障害児とふれあったり，異年齢の子どもたちと交流するなど，多様な経験を積むことが大切である。

中西・伊藤（2005）は，高齢者と幼児のふれあいの効果について報告している。ある社会福祉法人が，老人福祉センターの利用者が同じ系列の保育園の幼児と交流する場を設定した。高齢者にあらかじめ幼児との遊び方の講座を受けてもらい，保育園で幼児とかかわる機会をもった。交流会を重ねるうちに幼児は高齢者になつき，甘えるようになっただけでなく，新しいことを学ぶのが苦手な高齢者の手助けをするなど，相互の信頼関係が構築されていった。

現行の教育要領では，第3章のなかで特別支援学校などの障害のある幼児とのふれあいを積極的に設けることが求められている。障害のある幼児とのふれあいは，双方にどのような影響をおよぼすのであろうか。

石井（2008）は，統合保育を導入した幼稚園の健常児の保護者に対して6年間にわたって繰り返し調査を行った。その結果，人間の多様性について理解が深まったり思いやりが育ったりして，統合保育が子どもに良い影響を与えたと回答した保護者が130名中114名（87.7%）に上ったことを報告している。

ただし，統合保育を受ける障害児の立場からすれば，適切な支援がないままに健常児の集団に参加させられることは，待つだけで貴重な時間を無駄にしたり，仲間はずれにされることでかえって発達をゆがめてしまう可能性がある。統合保育や障害児との交流が障害児にとって意味のある保育になるためには，保育者の子ども理解と支援の技術の向上が不可欠である。

また岩下（2001）は，通園施設の幼児が保育園を訪れて交流する場面を，建築学の立場から考察している。岩下（2001）の観察によれば，ブランコやすべり台などの遊び方が決まった固定遊具では，障害児が待つだけになってしまい，交流が生まれにくかったという。このように，単に物理的に場所をともにするだけでなく，相互の交流を深めるには，保育者の支援が必要なのである。

5節 男の子らしさ・女の子らしさ

"性"という日本語は生物学的な性と心理・社会的な性の両方を含んでいるが, 生物としての性別に対して心理・社会的な性をジェンダーと呼ぶ。生物学的な性は性染色体によって決まっているが, 胎児期初期の子どもの脳は女性型の脳をしている。男児は在胎20週目くらいから自分の精巣で男性ホルモンをさかんに分泌し, それが血液のなかをとおって脳に達することではじめて男性型の脳に変化していく。男性型の脳は女性型の脳に比べて, 左右の半球を結ぶ回路のうち感情の情報を伝える部分の神経の密度が低い。しかしラットを用いた実験では, 妊娠中に母体が強いストレスを感じ続けるとオスの胎児の男性ホルモンの分泌が抑制されるという。ラットの脳は人間の脳のモデルとしてよく実験に用いられており, そのまま人間にあてはめることはできないにしても, 在胎中の男性ホルモンの分泌が性とジェンダーの食い違いを生む可能性はある。

しかし生物としての性とジェンダーはイコールではない。子どもはさまざまな経験によって自分が男であるか女であるかという自覚をもち（性同一性）, それらしく行動するようになっていくのである（性役割の獲得）。一般に男性は強くたくましく, 女性は優しくしとやかな性質をもつと考えられがちであるが, ニューギニアのある部族では, 農耕や漁業は女性が受けもち男性は装飾品を作ったり儀礼に参加するのが務めであるという。この部族では, 男性は臆病で嫉妬深く, 女性は積極的でたくましいと考えられている。つまり, 男らしさ・女らしさは人類に普遍的な特性ではなく, 育った環境によってつくられていくのである。性役割は文化によって異なるので, 子どもは成長するあいだに自分の性役割を獲得していかなければならない。しかし生物学的な性とジェンダーに食い違いが生じるケースは「性同一性障害」と呼ばれる。近年は, 徐々に個人のジェンダーを尊重する考え方が浸透してきている。

子どもが性役割を獲得する際に大きな影響をおよぼすのは両親の行動である。

欧米型の性役割と両親の行動との関係を調べたヘザリントン（1967）の報告では，父親の影響力が強い家庭では，男児は男性的になり女児は女性的になったが，母親の影響力が強い家庭では母子間の類似性が高くなるため，男児にも女性的な傾向がみられた。母子のかかわる時間は父子に比べてかなり長く，母が社会規範のモデルとなる確率は高い。したがって，父親が男性モデルとしてかなりはっきりと行動しなければ，男性の性役割は学習されにくいようである。

読書案内

アッシャー，S.R., クーイ，J.D. 1990 山崎 晃・中澤 潤（監訳）1996 子どもと仲間の心理学——友だちを拒否するこころ 北大路書房
バウアー，T.G.R. 1979 鯨岡 峻（訳）1982 ヒューマン・ディベロプメント——人間であること・人間になること ミネルヴァ書房
前原 寛 2008 子育て支援の危機——外注化の波を防げるか 創世社新書
丸野俊一・子安増生（編） 1998 子どもが「心」に気づくとき ミネルヴァ書房
塚野州一（編著） 2004 みるよむ生涯臨床心理学——生涯発達とその臨床的対応 北大路書房

8章 ● 自己

エピソード
　3歳児が幼稚園の送迎バスから降りるときのことであった。送迎地点で待機している母親の前でバスが止まり，ドアが開き，幼児が片足ずつゆっくりとバスを降りはじめた。そばで時間を気にしながらみていた先生がひょいと子どもを抱き上げ，降ろしてしまった瞬間，幼児はからだをのけぞらせ，手足をばたばたさせながらワーッと泣き出した。幼児は，押さえつけている先生の手を振りほどこうとしながら，「ぼくが降りる，ぼくが降りる」を繰り返し，泣きじゃくっている。先生も母親も困惑し，「じゃあ，自分で降りたら」と，再度幼児をバスに乗せた。すると急に泣きやみ，鼻をすすりながらも自分でゆっくりと降り，満足したのか，黙って親に手を引かれて帰っていった。
　幼児は1歳半を過ぎるころから，多くのことを「自分で」したがるようになる。思いどおりにことが展開しないと，結果的には同じであっても，かんしゃくを起こして拒否してしまう。この時期，子どもは人に反対することで意志をもつ自己を確かめようとするし，自尊感情もめばえてくるので，よりいっそう自分の思いどおりにしたがるのである。親の立場からみた場合の反抗も，幼児側からみれば重要な自己の発達のあらわれなのである。

人は誰でも一度は自分について考えたことがある。太っている，英語が得意，涙もろいなど，さまざまな側面から自分について考える。このような自分についてのさまざまなとらえを「自己認識」という。その場合，自分について見たり考えたりする主体としての自己と，見られたり考えられたりする対象としての自己が存在しているのである。このような主体としての自己や，対象としての自己の認識は，いつごろ，どのような形ではじまり，発達していくのだろうか。ここでは，上記のような自己認識および，エピソードで紹介したような反抗期やその後の自分の行動の制御など，行動にあらわれてくる自己の発達をみる。

1節 自己の発見と自己認識のはじまり

▶1　身体的自己

　自己の発見は，まず自己の身体からはじまる。子どもは母親の子宮内にいるときは文字どおり母子一体である。誕生と同時に身体は母体と分離され，別個の存在となるが，誕生後もしばらくは，自分と外界との境界がわからず，渾然一体とした状態にある。

　まだ，寝返りも打てない乳児が自分の手を目の前において，じっと眺めていたり，自分の手や足をなめたり噛んでしまう行動がよくみられる。これは，手や足がまだ自分のからだの部分としてではなく，自分の外にあるものと同じように認識されていることから生じる。このような自・他の境界が未分離の状態から，どのようにして分離されていくのだろうか。

　1つは，自分の運動から生じるさまざまな感覚運動経験によって自分のからだを外界から分離していく。さまざまな運動から生じる反応や触覚，それに対するフィードバックなどの感覚経験の積み重ねから，漠然と自分に属する部分とそうでないものがあることを知りはじめる。また，自分で自分を刺激したときに生じる能動的な感覚と，他者から刺激を受けて生じる受動的な感覚の2種の感覚経験も，刺激をつくり出す者としての自分にめざめるきっかけとなると

いう。たとえば，図8-1のように自分の足をさわる場合には，自分がさわっている感覚と，さわられている感覚の二重の感覚が経験されるが，他者からの刺激の場合はさわられている感覚だけである。さらに，外からの刺激なしに生じる飢えや渇きなどの内部感覚も自分のからだに注意を向けさせることになる。

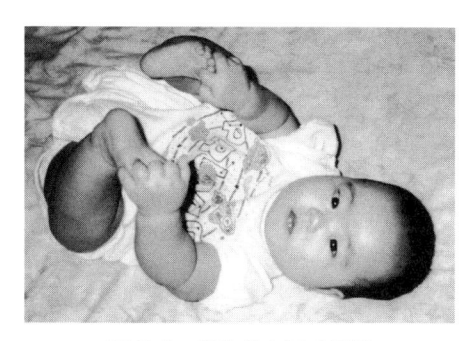

図8-1　身体的自己の発見

　身体的な自・他の分化を促すもう1つの要因は，養育者との情動的かかわりである。赤ちゃんのそばにいつも人がいて，飢えや渇きの欲求を満たす保護が与えられているあいだは母子一体の状態が続くが，欲求がすぐには満たされない状態や，ミルクが熱すぎたり，抱き方が心地良くないなどの不快経験を重ねるにつれて，感覚や行動の主体としての自己感がめばえてくる。生後2～3カ月ぐらいまでは，舌の上に乳首を含ませればいつも，反射的にミルクを飲んでいた赤ちゃんが，それ以後，飲みたくないときには舌で乳首を押し出したり，母親の顔をじっと見ながら舌の上で乳首を転がして遊び飲みする姿がみられる。このような表現から，自己のめばえが読み取れるのである。

▶2　自己と他者のかかわり

　他者とのかかわりのなかで，他者がどのような気持ちでいるのか，どのような意図をもっているのかなどを推論したり，他者から自分がどう見られているのかを考えるようになるにつれ，自分にまなざしを向けるもう1人の自己が形成されていく。出生から2歳半までのあいだで乳児が，父母やその他の人々とのかかわりのなかで，自分と他者との関係について発したことばを記録した研究によると，1歳2カ月ごろより，相手の違いがよくわかってきて，自分の意図する相手以外の人からのはたらきかけに応じなかったり，相手の役割や意図

表 8-1　会話にみられる自・他の関係（山田，1982 より一部抜粋）

★約1歳9カ月～
・自他の関係の言語化の開始
「ユー（自己の名前）(1:09:27)」「ユー　ノ　チィー（姉の名前）ノ (1:10:10)」「ユー　モ (1:10:18)」「チィー　モ (1:10:21)」「チィー　ガ (1:11:16)」「ユー　ガ (2:00:02)」「チィー　ハ？(2:00:03)」「チィー　ト (2:00:05)」「ユー　ハ？(2:00:16)」

★約2歳1カ月～
・自他の関係の言語化
「オ・トウチャン　チンキチ　ト　ダンダ　アイル」「オ・カアチャン　ト　ジャージャ　ノンデ　ネンネ　カワイイ　オ・カアチャン (2:01:15)」（おとうさん，真吉と風呂に入る。おかあさんと牛乳を飲んで寝る。かわいいおかあさん）「チィー　チチャイノ　ユー　オオキイノ　イイノ (2:01:29)」（チィーは小さいの，ユーは大きいのが欲しい）「チィー　チュキ　ダケド　チュコチ　イジワルスル (2:04:05)」（チィーは好きだけれど少しいじわるする）

★約2歳3カ月～
・他者から見た自己の意識化
公園で「イタル　クント　ナオチャン　オウチ　デ　ケンカ　チテルカモ　チレン。ユークン　イナイナイッテ (2:03:28)」（いとこの到君と直ちゃんがお家で，自分がいないのでけんかをしているかもしれない）「キチャ　ユー　チュキダカラ　マチマチチテテクレルノ？ (2:03:26)」（汽車はユーが好きだから待っていてくれるの？）

注) ( ) 内は生活年齢 (年: 月: 日)

に応じた行動で伝達しようとしはじめる。表8-1 に示されたように，1歳9カ月ごろより自分と他者の関係が言語化されはじめ，姉に対してはおとなとは異なる子どもどうし・ライバルとしての関係を認めはじめ，さらに，他者からみた自己が意識されるようになる点がおもしろい。

▶3　鏡のなかの自己

　自己認識は，鏡に映った自分の姿に対する反応からもとらえることができる。鏡像の認識は，①鏡像を完全に実物と見る段階（生後6カ月～1歳），②他人の鏡像は実物でないことが理解できる段階（1歳ごろ），③自己の鏡像を自分とはなかば独立した分身として遊ぶ段階（1歳半ごろ），④鏡像は自分自身ではなく，映り姿であると理解できる段階（2歳以上）の4段階を経て発達するという。興味深い点は，自己像より他者像を早く認識できることである。他者は自分の外側にある者として見ることができるが，自己像は自分では見にくい

からである。

　鏡を見せて乳児の反応をみた研究では，口紅課題（鏡を見て3分以内に自分の鼻につけられた口紅をティッシュでふきとることができるかどうか），おもちゃと保母課題（自分の背後にあるおもちゃと保育士を鏡のなかに見て30秒以内に振り向いて指さすことができるかどうか），位置課題（○○ちゃんはどこ？と聞かれて鏡像を指さすことができるかどうか），名前課題（自己の鏡像を「誰ですか？」と問われて自分の名前が言えるかどうか）などを用いて，鏡のなかの自己像を認識できるかどうかを調べている。生後15カ月，19カ月，22カ月の乳幼児に対して，鏡像を見せてその反応をまとめた結果，上記の②，③，④段階に相当する3つの段階が示された。それらは，「おもちゃと保育士さんはどこ？」という質問に対して振り向いてそれを指さすことができる段階，「○○ちゃんはどこ？」という質問に対して鏡像を指さすことができる段階，「鏡像は誰？」の質問に対して自分の名前が言えたり，鏡を見ながら自分の鼻についている口紅をふきとれる段階である。

　これらの段階を経て，鏡像の認識が形成されることがわかった。15カ月児の45.4％が第3段階，22カ月児の72.7％が第4段階に属していて，19カ月児が過渡的段階にいることが示された（図8-2）。2歳近くになると，多くの子どもが自己の鏡像を実在のものではなく，映り姿と理解でき，そのうえで二次的に相手に見立てて反応する象徴行為が出現すると考えられる。他者とのかかわりを遮断されて育てられた場合，このような反応が生じないことがチンパンジーの研究で示唆されていることから，自己の認識は他者とのかかわりをとおして発達すると考えられる。

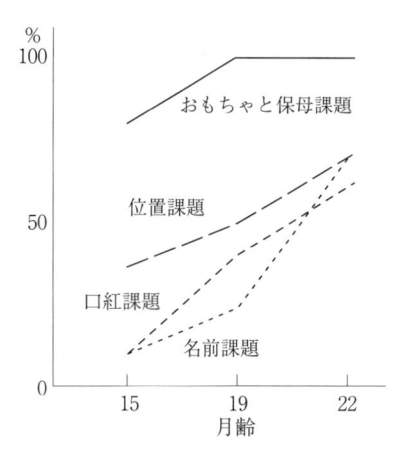

図8-2　鏡像に対する反応
（百合本，1981より一部抜粋）

2節 自己の認識

▶1 名前と所有の認識

　ことばの発達とともに，自己のさまざまな側面を認識するようになる。自分の名前や持ち物をどれだけわかるかを実験や観察をとおしてみた研究によると，1歳を過ぎるころから，自分の名前が呼ばれると「はい」と返事をしはじめる。また，1歳後半から，自分を指さしたり，他者の名前を聞かれると他者を指さしたり，靴や衣類について「ぼくの（もの）」であることがわかるようになっていく（表8-2）。

表8-2　名前・持ち物の認知（植村，1979より一部抜粋）

年齢	観察		自分の持ち物と友だちの持ち物		
	自分の名前	友だちの名前	靴・帽子	パンツ・服	ロッカー

自分の名前の観察項目（年齢順）：
- 0:3〜 名前を呼ぶと笑う
- 0:6〜 誰の名前に対しても笑う
- 0:9〜 自分の名前に応じる
- 1:2〜 ハイを言いはじめる／誰の名前にもハイ
- 1:6〜 名前を呼ばれて自分を指さす
- 1:8〜 名前を言う
- 2:0〜 名前で要求する

友だちの名前の観察項目：
- 1:4〜 名前を聞くと指さす
- 1:6〜 他の人と混同する
- 1:8〜 名前を言いはじめる
- 1:10〜 指さしで誰がしたか知らせる
- 1:11〜 名前で知らせる
- 2:0〜 正しく指さす

自分の持ち物と友だちの持ち物：
- 靴・帽子：自分のものがわかる（実験）／友だちのものがわかりはじめる（観察）
- パンツ・服：自分のものがわかる（実験）／友だちのものがわかりはじめる（観察）
- ロッカー：自分のものがわかる（実験）／友だちのものがわかりはじめる（観察）

凡例：
- ↑ ほぼできるようになったことを示す／↑は上年齢に続くことを示す
- ┆ ぽつぽつはじまることを示す
- ｜ －ははじまりを，↑は以後続くことを示す
- ｜ この年数のあいだだけ特権的であることを示す

ものは視界から消えてもある操作を加えないかぎり，存在し続けるという「ものの永続性」の理解は，自分をとりまく世界を認識することの基本であるが，この理解とともに，自己の恒常性も認識されるようになる。自分の性の理解については，コールバーグ（1966）が示した次の3段階が有名である。

(1) 基本的な性の同一視　　自分が女であるか，男であるかがわかる。
(2) 性の安定性　　男は男であり続け，女は女であり続ける。男はお母さんにはなれない。
(3) 性の恒常性　　格好や行動などの表面的な変化で性は変わらない。

2歳ごろから男女の差はわかるが，その理由はわからない。3歳前後になると，自分の性別をかなり正確に理解するようになり，自分の性や他人の性がわかるようになるが，性が一生変わらないということを理解するようになるのはもう少し後になってからである。「大きくなったら父親になるか母親になるか」という質問に対して，4〜6歳の子どもではほとんどが正しく答えられることから，性の安定性や恒常性の認識は，この年齢ごろから可能になると考えられる。

▶2　反抗期

乳幼児には何かにつけ「〇〇ちゃんがやる」とか，「〇〇ちゃんの（もの）」と激しく自己主張する時期がある。この背景には，乳児が他者の立場に立つことがむずかしいという認知的に未熟な状態にあること，自己の意思や欲求がはっきりしてきて，それを他者に一方的に表現する時期にあること，自尊感情がめばえてくることなどが考えられる。一見，無意味な反抗と思えるかもしれないが，自己の発達からみると重要な時期である。主体的な行動を妨害され，自尊感情が危機にさらされると，必死で抵抗しようとするのである。親にとっては，子どもがことごとく反抗してくるこの時期は厄介なものであるが，乳幼児期の自我の発達においては，このような拒否や否定，自己主張は非常に重要であるといえる。

反抗で代表される拒否や否定表現はいつごろからどのような形であらわれるのだろうか。自分の子どもの出生から2歳1カ月までの日誌記録にもとづいて，

コラム 8　幼児は自分をどのようにとらえているか

　保育園の年中児から年長児へと自己認識がどのように変化するかを縦断的に調べた日本の研究によると,「かわいい」「かっこいい」という外的特性や「やさしい」「おとなしい」「頭がいい」などの心理的特性についての説明が, 年中児では, それぞれ15.2%と21.2%にすぎなかったが, 年長児になったときは45.2%と41.9%もみられるようになったことが報告されている。また, 年中児では, 平均0.75個の観点からのみ自己について説明したが, 年長児になると平均2.68個の観点からの説明があり, 年中組のときよりも年長組になってからのほうが, 自己をより多面的に分化した形で描けることが明らかになっている。また, 女児のほうが自己をより多面的に, また多少とも抽象的なことばで語ることができる傾向が示された。

　さらに, 言及された特性の平均個数とソシオメトリックテストの結果との相関をみたところ, 自分を多面的に分化したかたちでとらえることのできる子どもは, 仲間と円滑にかかわることができたり, 交渉の仕方などの社会的技術をもっていたりするという関係がみられ, 自己の多面的認識と円滑な友だち関係とが関連していることが示された（遠藤・保崎, 1994）。

　否定をあらわす身ぶりとことばがどのように発達してくるかを分析した研究によると, 3カ月ごろより, 授乳時に乳首を唇で振り払うなど不必要な対象を回避するための運動行動がみられ, 7カ月ごろより首の横ふりという原初的な否定の身ぶりがみられるようになったという。また, 11カ月ごろより, その場における不快感情と結びついた拒否の慣用的身ぶりが示されるようになり, 発達のかなり早い時期から, 否定, 拒否行動が示されてくるといえる。さらに, 1歳3カ月ごろより, 自尊感情がめばえてきて, 自分の目的や欲求が妨げられると, 自分が傷つけられたように感じるという。「自分でする」ことが自己目的化してきて, まわりの者が下手に手助けしようとすると激しく反抗してくるのである。

8章● 自己

3節 行動を制御する自己

▶1 自己主張と自己抑制

　これまで，自己がどのようにあらわれ，表現されてくるか，また，自己認識がどのように拡がるかをみてきたが，自己のもう1つの重要なはたらきとして自分の行動をどのように制御するかという「自己制御」のはたらきがある。幼児の特徴を担任教師に評定してもらい，自己制御の側面を抽出した研究では，「いやなことははっきりいやと言える」「入りたい遊びに自分から『入れて』と言える」「自分の考えや意見を自分から述べる」などの項目からなる〈自己主張・実現〉と，「かわりばんこができる」「『してはいけない』と言われたことはしない」「仲間と意見が違うとき，相手の意見を入れられる」「課された仕事をやりとおす」などの項目からなる〈自己抑制〉という2側面が抽出されている。どちら

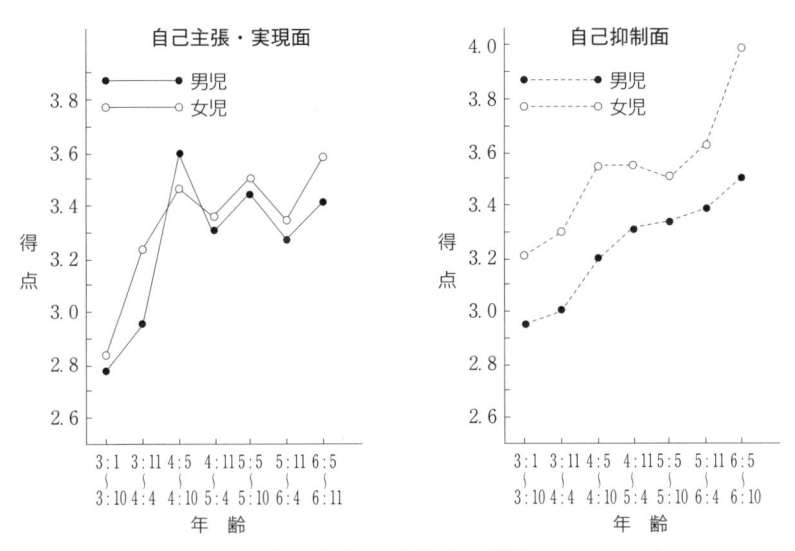

図8-3　自己主張・実現と自己抑制の発達（柏木，1983）

の側面も3歳から6歳にかけて加齢にともない上昇するが，自己主張・実現面が3歳ごろまでに急激に伸び，その後はほぼ横ばいであるのに対して，自己抑制面は3歳から7歳まで一貫して伸び続けることが示されている（図8-3）。また，自己抑制面では，一貫して女児のほうが男児よりも高く，特に禁止事項をしないなどの制止やルールへの従順に関して高い傾向が示された。

▶2　自己制御と向社会的行動

　向社会的行動は，困っている人に対する援助，寄付，分与，慰め行動のような思いやり行動をいうが，実は自己の機能とも深い関係がある。向社会的行動は，他者の困窮場面において，状況を判断し，行動するかどうかの意思決定にもとづいて，自らの行動を制御して実行するという意味では，自己制御された行動でもある。子どもの自己主張・自己抑制の強さと向社会的行動の関係を調べた首藤（1996）の研究では，自己主張の強さと向社会的行動とのあいだだけに意味のある関係が示された。さらに自己主張と関係がみられた向社会的行動は，おとなではなく仲間を対象にした行動であり，頼まれてする行動ではなく，自発的な行動であった。自分の気持ちをはっきりと主張し，自分の考えをもち，積極的に友だちを誘うことのできる子どもは，仲間に対して向社会的行動を行うことが多いといえよう（図8-4）。

　保育所・幼稚園における同年齢集団の生活では，欲求と欲求のぶつかりあいも多く，親との生活以上に我慢したり，逆に自己主張したりすることが必要である。また，横の関係にある他の幼児に対して思いやりを示す機会も多く生じる。こうした集

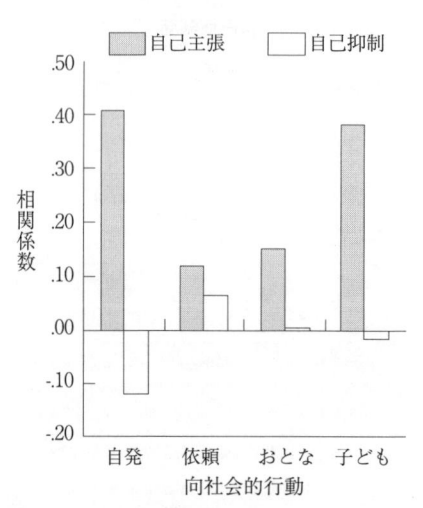

図8-4　自己主張―自己抑制と向社会的行動（首藤，1996）

団生活を経験しながら，自己制御や向社会的行動などの行動面で自己が発揮されていく。

　幼児期の終わりごろまでに子どもは，自他の関係について基本的な理解ができるようになる。また，他者との関係において他者の意図や感情を推論し，自己の欲求を制御しながら行動することができるようになっていく。しかし，他者の理解は自分のごく身近な他者にかぎられるし，自分と他者の内的世界についての理解は表層的である。自他の関係において自己認識が広がり，深まっていくのは児童期に入ってからである。

📖 読書案内

　榎本博明　1998　「自己」の心理学──自分探しへの誘い　サイエンス社
　柏木惠子　1983　子どもの「自己」の発達　東京大学出版会
　柏木惠子　1988　幼児期における「自己」の発達　東京大学出版会

9章 ● 遊びの発達

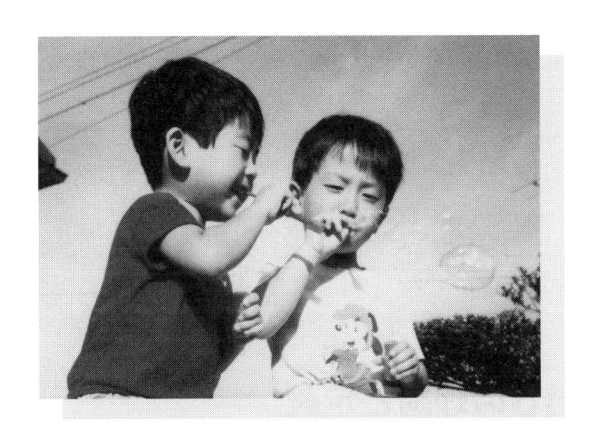

エピソード

　5カ月児のT君，4歳児のN君は，室内で別々の遊びをしていた。T君には揺りかごを用意した。T君は寝ながらバギーの上からぶら下がっているおもちゃを足で蹴ったり，手でつかんだりして遊んでいた。さわると音が出ておもちゃが動くので，何度も同じ動作を繰り返し遊んでいた。

　今度はたたみの上にタオルを敷きT君を寝かせた。T君は引っ張るとタオルが動くのを見て，手や足を動かしはじめた。T君はふと4歳児のN君がおもちゃで遊んでいるのを見た。N君に近づこうと思ったのか，おもちゃに近づこうとしたのかは定かではないが，手足を一生懸命動かし，ずりばいをして進んでいった。そしてN君が遊んでいるエリアにたどりつき，N君の使っていたおもちゃをT君は握った。するとN君はおもちゃをとられ泣いてしまった。N君の母親は「赤ちゃんのおもちゃとらなくて，えらかったよ」と，N君に伝えた。

　5カ月児のT君がおもちゃをさわり遊ぶ姿は，子どもが能動的な存在であること，遊ぶことは自発的に起こり，遊ぶこと自体が目的であることを伝えていた。また遊びたいと思う気持ちは，他児との関係を紡ぎ出す1コマをみたのであった。

遊びの仲間と時間と空間という「3つの間」をもぎとられた現代の子どもたちは，子ども時代を失おうとしている（谷田貝ら．1997）。時代の変化とともに，遊びの環境も変化していくが，子どもの遊び環境をいかに構成するか，遊びの質をどのように豊かにしていくのかは保育者のみならず，子どもにかかわるおとなの責任として考えていく必要があるだろう。2008（平成20）年に保育所保育指針が改定され，幼稚園教育要領も改訂された。保育所保育指針においては，「乳幼児期にふさわしい体験が得られるように，生活や遊びをとおして総合的に保育すること」が示されている。また幼稚園教育要領は，遊びをとおしての指導が，改訂後も継承され，「幼児の自発的な活動としての遊びは心身の調和のとれた発達の基礎を培う重要な学習であること」と示されている。このように保育者は遊びをとおして総合的指導をしていくのである。では子どもにとって遊びとは何であろうか。1節では遊びの理論と定義，2節では遊びの種類と発達，3節では遊びと想像力について述べる。

1節　遊びの理論と定義

▶1　遊びの理論

　子どもたちはなぜ遊ぶのであろうか？　人がなぜ遊ぶのかについて，多くの研究者が論じてきた。エリス（1973）によれば，スペンサーは余剰エネルギー説を唱え，遊びは余ったエネルギー放出の手段であり，子どもたちが遊びのなかでさまざまなスキル（技能）を習得することを示唆した。グロースは準備説を唱え，遊びのなかにおける練習をとおして，後に必要とされるときに実用的に使えるように準備しているとした。またフロイトなどの精神分析学派によって精神分析説が唱えられ，遊びは潜在的な心理的葛藤をもつありのままの自己を表現する場であり，その克服行為であるとした。

　また，エリスは200名を超える理論家の理論を13型に分類し，遊びに関する理論を以下のようにまとめている。古典理論として，①余剰エネルギー説，②本能説，③準備説，④反復説，⑤気晴らし説をあげている。遊びの近代理論として，⑥般化説，⑦代償説，⑧浄化説，⑨精神分析説，⑩発達説，⑪学習説

をあげている。また遊びの現代理論として，⑫覚醒―追求としての遊び説，⑬能力―効力説をあげている（表9-1）。

表9-1　遊びの理論（エリス，1973より改編）

カテゴリー	名称	遊びの原因
古典理論	1a 余剰エネルギー説Ⅰ	生存に必要とする以上の余剰エネルギーの存在によって遊びは引き起こされる
	1b 余剰エネルギー説Ⅰ	反応剝脱期の後に増大した反応傾向によって遊びは引き起こされる
	2 本能説	遊び行為をする生得的能力の遺伝によって遊びは引き起こされる
	3 準備説	後年の生活に備えて遊ぶ人の努力によって遊びは引き起こされる
	4 反復説	種の発展の歴史をその成長期間中に反復する遊び手によって遊びは引き起こされる
	5 気晴らし説	元気を回復されるために，労働でなされる反応とは別の反応を個人が必要とすることによって遊びは引き起こされる
近代理論	6 般化説	労働において報酬を受けてきた経験を遊びに用いる遊び手によって遊びは引き起こされる
	7 代償説	労働によっては満たせない，あるいは生み出せない心的欲求を満たすために遊びを利用する遊び手によって遊びは引き起こされる
	8 浄化説	乱れた情動を社会的に認められた活動に形を変えて無害なやり方に表出しようとする欲求によって遊びは一部引き起こされる
	9a 精神分析説Ⅰ	非常に不快な経験を遊びの形で繰り返すことで深刻さを減らし，不快な経験を同化する遊び手によって遊びは一部引き起こされる
	9b 精神分析説Ⅱ	遊んでいるあいだに極めて不快な経験の消極的な受容者としての役割を逆転し，同じような方法で他の受容者を積極的に支配し，そうすることで不快な結果を浄化する遊び手によって遊びは一部引き起こされる
	10 発達説	子どもの知力が発達する過程によって遊びは引き起こされる。したがって遊びは子どもの知的能力の成長によって引き起こされ，それに条件づけられる
	11 学習説	学習を生み出す正常な過程によって遊びは引き起こされる
現代理論	12 覚醒―追求としての遊び	個体にとって最適の状態をめざして覚醒を向上させるところの環境または自己との相互作用を生み出そうとする欲求によって遊びは引き起こされる
	13 能力―効力説	環境のなかで効果を生み出そうとする欲求によって遊びは引き起こされる。こうした結果は能力を証明し，効力感を生み出す

このように遊びの理論はさまざまあるが，今日までの研究において，統一的な理論は存在しない。これは遊びという現象が多様でとらえにくいからであり，研究者によって提唱する理論的背景によっても異なるためである。

▶2　遊びの定義

遊びについての定義はさまざまあるが，発達の観点から研究した高橋（1984）は，遊びの特徴を6項目にして，簡潔にまとめている。

(1)　遊びは自由で，自発的な活動である

遊びは他者から強制されたり，生活の必要にかられて行うものでなく，遊びは遊ぶ人の全くの自由意志によって，自発的に行われる。

(2)　遊びはおもしろさ・楽しさ，喜びを追求する活動である

遊びはおもしろさを惹き起こし，楽しみを体験させる。その楽しさの体験が喜びの体験にもつながる。

(3)　遊びにおいてはその活動自体が目的である

遊びは身体の鋭敏さを養う，知識を蓄えるなど，他の目的のための手段ではなく，その活動自体が目的である活動である。

(4)　遊びはその活動への遊び手の積極的なかかわりである

子どもの遊びは，おとなの余暇の休息の場合と異なり，今進行中の活動に夢中になり，全力を傾け没頭することである。何事かに没頭しているあいだに子どもはスリルと快い緊張を体験する。

(5)　遊びは他の日常性から分離され，隔絶された活動である

遊びは，現実世界の価値基準に縛られず，自由自在に主観性を駆使して，実際には起こり得ない不合理やナンセンスを創り出し，その楽しさを味わう活動である。遊びはこの意味で，「虚構」の世界における活動である。

(6)　遊びは他の非遊び的活動に対して，一定の系統的な関係をもつ

遊びは，ことばの習得，社会的役割の認知，空想性や創造性などの他の行動系の発達と相互的，有機的な関連を有している。

2節 遊びの種類と発達

　乳幼児期に遊びはどのように発達していくのであろうか。遊びの発達の過程を社会的発達の観点から明らかにしたパーテン（1932）の研究と，認知的発達の観点から明らかにしたピアジェ（1945）の研究を紹介する。

▶ 1　社会的発達の観点からみたパーテンの研究

　パーテン（1932）は子どもの自由遊びを観察し，2〜4歳までの遊びの発達を分類した。パーテンによれば，表9-2のように，遊びは専念しない行動，ひとり遊び，傍観者遊び，並行遊び，連合遊び，協力遊びの6分類になる。また加齢にともない子どもの遊び方は図9-1のように変化する。

　2歳台では並行遊びやひとり遊びが多い。同じ遊びをいっしょに遊んでい

表9-2　パーテンによる遊びの分類（パーテン，1932）

分類	内容
専念しない行動	遊んでいるのではなく，ぼうっと見ているような行動である。先生のあとをついて歩いたり，ある場所に座って部屋を見回している。
ひとり遊び	他の子どもと話ができる距離にいるが，他の子どもとは違うおもちゃで1人で遊んでいる。他の子どものしていることに関係なく，自分の活動を追求している。
傍観者遊び	他の子どもの遊びを見てほとんどの時間を過ごしている。見聞きできる距離にいて，観察している子どもに話しかけたり，尋ねたりするが，他の子どもの遊びに参加することはない。「専念しない行動」との違いは特定のグループの子どもたちを観察していることである。
並行遊び	子どもは他の子どもの傍で同じようなおもちゃで遊んでいても，他の子どもの遊びに関心を示さず，自分の遊びに夢中になり1人で遊ぶ。
連合遊び	集団遊びの1つである。共通の活動，興味があり，おもちゃの貸し借りや遊びに関する会話がある。遊びの役割分担や組織化はまだ見られない。
協力遊び	リーダーがいて役割分担したり，組織化されたグループの中で遊ぶ。ある物を作ろうとか，ある目的を達成しようとする目的がある。

図9-1 パーテンによる遊びの形の発達的変化
（パーテン，1932）

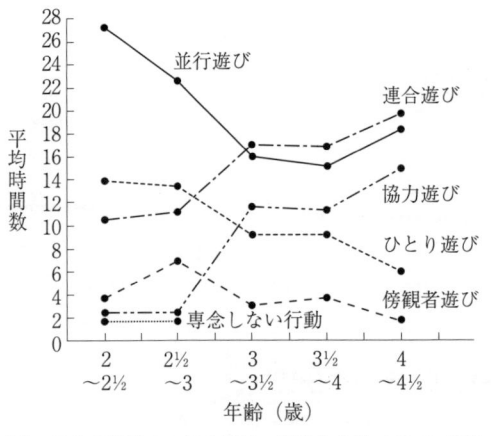

注）平均時間数は1日1分間の観察を各児で60日（回）行ったものの平均である。

るようにみえることもあるが，この時期の遊びの多くは並行遊びであり，近くで遊んでいても，共通のテーマを共有して遊ばず，傍らで遊んでいるのである。2歳台でみられたひとり遊びは減少していき，加齢にともない並行遊びも減少する。協力遊びや連合遊びは3歳以降に増加してくる。このように乳幼児期の遊びは，自分1人の遊びから，他児の遊びを観察するようになり，他児と同じような遊びをしながら，共通の目的をもち，役割分担するなど，協同していくことが見受けられる。

　パーテンはひとり遊びを低いレベルの遊びとみなしていたが，幼児が1人で遊ぶことはレベルの低い遊びなのであろうか。年長児であっても，1人で集中して製作をしていたり，1人でじっくりと絵本を読んでいたりする姿も見受けられる。パーテンの研究に対してスミス（1978）は，ひとり遊びは未熟な形態でも発達段階を示すものでもなく，年少児から年長児に至るまで認められ，パーテンの一次元的な図式があてはまらないことを明らかにしている。遊びの内容によっては年長児でもひとり遊びがみられることを示し，むしろ並行遊びのほうが未熟な行動形態であるとした研究もある（Mooreら，1974；Rubin，1978）。近年ではひとり遊びが必ずしも発達的に遅れているわけではないことや，社会的不適応をもたらすわけではないことが指摘されている（大内・桜井，2005；Rubin，1982）。

　このように，ひとり遊びはパーテンがみなした低いレベルの遊びとは必ずし

もいえず，ひとり遊びをしている子どもを不適応児とみなすのではなく，ひとり遊びの内容を詳細に調べる必要がある。

またベークマンとブロウンリー（1980）は並行遊びについても，遊びから遊びに移行する際やひとり遊びから集団遊びに至る際の移行パターンであるとしている。

このように子どもの遊びは，1人で遊んでいるのか，集団で遊んでいるのかという形態の観点のみで評価するのではなく，その遊びの活動内容をとらえ直して考えていく必要があるのである。

▶2　認知的発達の観点からピアジェの研究

ピアジェは，遊びの発達は子どもの認知発達と関係していると考えた。ピアジェ（1945）は遊びを，①機能的（感覚運動的）遊び，②象徴遊び，③ルールのある遊びの3つに分類した。

(1) 機能的（感覚運動的）遊び（0〜1歳くらいまで）

機能的（感覚運動的）遊びが行われるのは感覚運動的段階である。乳児は指を吸ってみたり，ガラガラを鳴らしてみたりして，反復的に手足を動かし，動作を繰り返す。4カ月以降に，関心はさらに外に広がり，興味があるものを手でつかんで口に入れたりして，対象の性質を認識していく。感覚運動的段階の子どもたちは，対象に対して，直接的なはたらきかけを繰り返し，手段と目的の関係を学び，こころのなかでのイメージ（心的表象）を育てていく。感覚運動的遊びから象徴遊びへの移行を示す兆候として，ふり遊びの発生を感覚運動的遊びの最終段階に位置づけている。

(2) 象徴遊び（1歳半から6,7歳まで）

象徴遊びが行われるのは主に前操作的段階である。象徴遊びは表象される実物があろうと，なかろうと関係なく展開される。モノを用いて行為したいという欲求を動機として遊びが発生するとし，単なる行動の再現とは性格を異にする象徴的行為をみることができるとしている。たとえば，貝殻をコップといって飲むふりをしたり，木片を使い髪をとかすふりをする

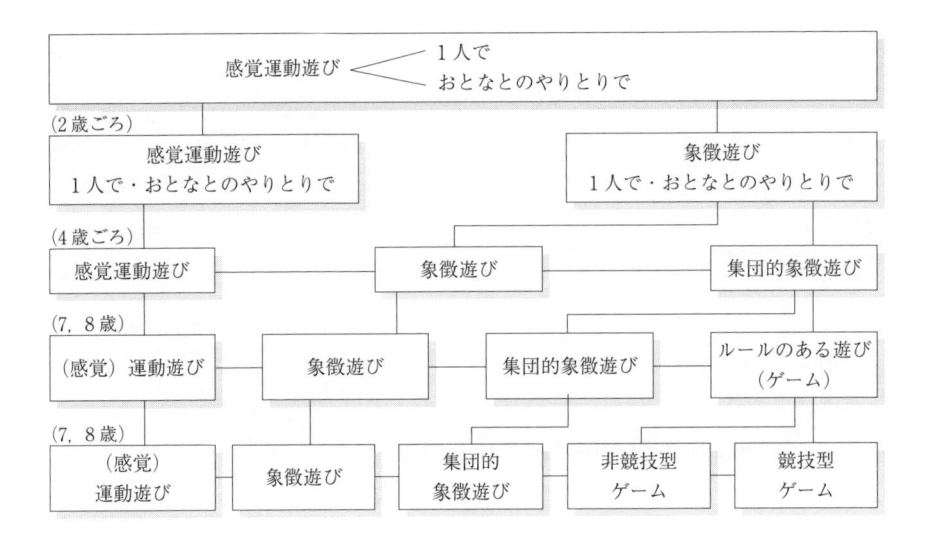

図 9-2　遊びの発達構造図（清水，1981）

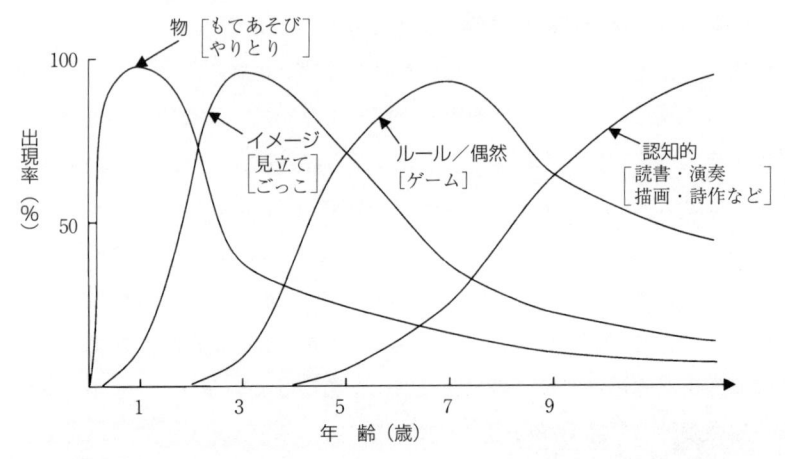

図 9-3　遊びの発達的変化の「波」（中野，1985，p.62 を改変）

この図は遊び対象の発達的変化の道筋を模式的に「波」のうねりによってあらわしたものである。個々の波は、各々の対象について、それをマスターし、自在に対象を同化できた時点（最適水準）で最頻の遊びの出現率（頂点）となり、そこを境にしてしだいに「自動化」していくことで遊びは衰退していくことをあらわしている。また、波と波との重なりの部分は、ある時点では遊びは、つぎの時点での遊び対象の探索過程を同時に含んでいることを示唆している。なお、[　]は遊びの型をあらわす。

などである。モノ（貝殻，木片）はあくまでも行為を支える道具となっており，行為の遂行のしやすさという一点のみが重要なのである。
(3) ルールのある遊び（7歳以降）
　チェス，トランプ，サッカーなどルールのある遊びに興味をもち，社会性を獲得していく。ルール遊びがみられてくると感覚運動的遊びや象徴遊びは減少していくのである。

▶3　遊びの発達的変化

　清水（1981）は発達の観点から，各時期の子どもの遊びの状態を理解する手がかりとして発達構造図を作成した（図9-2）。この発達構造図では4カテゴリーしか設けていない。すなわち感覚や運動機能を使い習熟していく遊び，イメージをつくり出し追求し表現する遊び，イメージを仲間と分かちあい，あるいは共同でつくり出し表現する遊び，ルールを共有する連帯感に裏づけられた協同や競争の遊びである。中野（1985）は遊びの発達的変化を「波」によってあらわしている（図9-3）。

3節　遊びと想像力

　人間は「今ここ」にないことでも，思い描くことができる。このことをイメージとか表象（representation）という。表象を扱う認知機能のことを象徴機能という。では次に幼児期の象徴機能の発達についてみていくことにする。

▶1　幼児期の象徴機能の発達——ふり遊び

　人間は早くから表象を用いている。1歳半前後からよくあらわれる行動として，過去に見聞きしたイメージにもとづいて，時間が経ってから模倣するという，延滞模倣がある。例えば，母親が鏡台の前で髪をとかしていた様子をじっと見ていた子どもが，母親が鏡台の前からいなくなると，今度は自分が鏡台の

ところに行って、ブラシを取り上げ、母親をまねて髪をとかすしぐさをすることである。

高橋（1991）はソロの pretend play を「ふり遊び」と称し、ふり遊びの構成要素として、(1)脱文脈化、(2)物の見立て、(3)人の見立て、(4)自己―他者関係、(5)行為の系列化、をあげている。

(1) **脱文脈化** 遊びのなかの子どもは日常の文脈から離れて、特定の行為を遂行すること自体に興味を示す。しかし初期のふり遊びにおいては日常の文脈を離れても、日常生活において食べ、飲み、眠り、石鹸を手にしてこするという、ルーチン化された行為が再現されやすいのである。

(2) **物の見立て** 対象物あるいは人物を実際には異なるものに見立てるのである。たとえば、物の見立てでは、物A（積木）が、まるで、物B（バス）であるかのように扱われ、本物のバスをあらわすのに積木が用いられることである。見立てとはつまり、本物（バス）をシンボル化するために、子どもにとって身近な物（積木）を用いるということである。子どもはもちろん積木はバスではないと認識しているのであるが、子どもの遊びの世界では、積木はバスとして成立しているのである（図9-4）。

(3) **人の見立て** 他者に変身して他者のふりをするというふるまいである。物の見立てのアナロジーで考えれば、自己（人物A）を他者（人物B）のシンボル体とみなして、行為することである。自分を電車の運転士にみなしたり、泣きまね（泣くふり）、寝たふり、食べるふりなどの動作をして表現している。はじめは自分のしている動作にかぎって表現する

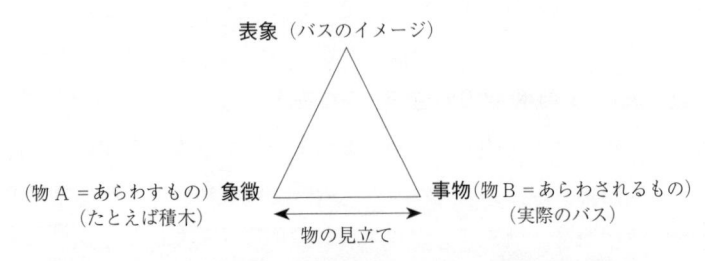

表象（バスのイメージ）

（物A＝あらわすもの）　**象徴**　　　**事物**（物B＝あらわされるもの）
　（たとえば積木）　　　　　　　　　　　（実際のバス）
　　　　　　　　　　　　物の見立て

図9-4　ものの見立てにおける事物―表象―象徴の三者関係

が，のちにはおとながしていることを人形を使って表現したり，架空の人物になりきったりすることに移行していく。このように子どもは見立てることをとおして，「ふり遊び」を組み立てていくわけであるが，これらの見立ては周囲の人からのはたらきかけで活動させられていた子どもが，自分からのはたらきかけによって周囲の人を動かすことができることに気づいたことによるとみることができる。

(4) **自己―他者関係** はじめは自己の密着性が顕著であるが，発達につれて行為の主体者と受け手は相互に分離されることである。発達初期のふり遊びは，日常生活における自己の行為のコピーそのものであり，行為の対象は自己である（たとえば，枕に頭をのせて眠るふりをする）。年齢が上がるにつれて，自己の行為が減少し，他者へ向けての行為が増加する（たとえば，子どもはまるで人形が能動的に枕で眠るかのように，人形を動かす）。

(5) **行為の系列化** (1)の脱文脈化から(4)自己―他者関係において，どの構成要素についても共通にいえるのは，当初断片的であった行為がしだいに関連づけられ，脈絡をもつことである。たとえばものの見立てにおいて，おもちゃの電話機を見て，そのダイヤルを回し，次に段ボール箱を「電車」に見立てて，中に入り込み，続いて「ドレス」代わりの布を体に巻きつけるという独立した1つの行為が，やがて「友だちどうしが電話で連絡しあって」から「ドレスを着て外出する支度を整え」，「電車に乗って外出する」というように1つのテーマのなかで統合されはじめる。

以上のように，ふり遊びを構成要素として分割してとらえることは，複雑になっているふり遊びをよりよく理解するための方略である。発達にともない，各構成要素が緊密に関連しあい，脈絡をもち系列化し，ふり遊びは発達していくのである。

▶2 ごっこ遊び

ふり遊びとごっこ遊びの関係について述べておく。高橋（1984）はソロの

pretend play を「ふり遊び」と称し，複数の子どもが参加する group pretend play（または，social or collaborative pretend play）を「ごっこ遊び」と呼ぶことを提案している。つまり，1人で行う簡単なふりの遊び，もしくは1人で同時に複数の役割を演ずる遊びをふり遊びといい，複数の子どもが同時に共通のふり遊びに参加する遊びをごっこ遊びという。

ごっこ遊びのテーマ（素材）としては，①子どもたちが日常生活をとおしてよく知っている事柄（ままごと，買い物ごっこ，乗り物ごっこなど），②テーマを表現するのに適する小道具（木の葉は切符，お金，お皿，船に見立てられるなど），③強く印象づけられた最近の出来事，④子どものこころに長く留まり気になっている事柄（救急車の出動など），⑤おとなの生活・活動に関する憧れ，などである（高橋，1984）。

育ってきた環境も異なる子どもたちがいっしょにごっこ遊びをする際には，共有するスクリプトが枠組みとして必要である。スクリプトとは日常生活のなかで繰り返される一連の事象に関する手順や行動系列のことである。ごっこ遊びの初期の段階では，スクリプトの一部が利用され，型にはまったやりとりがされることがよくある。また語彙も豊富ではないため，動作や笑顔のようなジェスチャーがやりとりのなかで重要な役割を果たしている。

2歳半から3歳になると日常のスクリプトが利用されているが，手順や内容が豊富になる。いくつかのエピソードが組み込まれ，テーマが複合し，一貫した流れができてくる。ごっこ遊びのなかでことばがかなり重要な役割を果たし，ごっこ遊びのことばのやりとりを聞いていても，ごっこ遊びの展開が推測できるのである。

5歳前後になるとごっこ遊びでは，ごっこ遊びの材料（例：ままごと道具）の役割が減少し，代わりにごっこ遊びのプランが重要な役割を占めるようになる。テーマを組み立てて，1つのストーリーに統合するのはプランである。プランを組み立てるには，①自分の日常生活における経験，経験からの知識，②子どもの願望，憧れる対象（人やもの）を再現したいと思う気持ち，③空想力と構成力，想像力などが必要となる（高橋，1984）。子どもの経験，想像力の

コラム9 からかいが意味するもの

　わが国の小学校，中学校，高等学校での子どものいじめにおいて，最も多いのは，「からかい，ひやかし」であると，文部科学省「生徒指導上の諸問題」にて報告されている。いじめ研究においても，からかいが有害な効果をもたらすことが示されている（Roberts & Coursol, 1996）。このように友人間における，ひやかし，からかいの度が過ぎていじめへと発展することもあるため，今日集団のなかで行われる「からかい」に対する興味，関心が高まっている。

　からかいは意味のある発達心理学上の研究テーマとして取り上げられ，理論的に考察されてこなかった。現在では遠藤（2007, 2008）などのように，徐々に「からかい」に関する研究が増えてきた。遠藤（2007）では，からかいの経験度と社会的スキルとの関係を明らかにしている。社会的スキルの低い人は，自分の役割によってからかいの認知が異なり，からかわれたときはそれをより否定的にとらえていたが，からかう側に立ったときにはより肯定的にとらえていた。社会的スキルの高い人はからかい一般に対して肯定的な態度を示し，日常的にからかったり，からかわれたりする経験が多いと報告している。この研究から，からかいは，状況や人によって他者を痛めつける悪とはならない場合もあることを示唆している。

　しかし，からかう側はからかわれる側がもつ否定的な感情を推測しがたく，からかわれる側も，からかう側の意図が理解できないというような問題を含んでいるといえる。からかわれる側が否定的な解釈をせずにすむようにするために，相互理解が生まれるように努めコミュニケーションをしていくことが望まれる。遠藤（2007）の研究対象は大学生であるため，今後は対象を広げた研究が望まれるであろう。

なかからテーマを抽出し，筋書きのプランを練って，ごっこ遊びに必要な小物を準備したり，役割を前もって決め，非常に長い筋をもった，遊びが展開するようになるのである。

また幼児は他児とかかわりながら，他児の気持ちや感情を知っていくことになる。ジェンキンスとアスティントン（1993）によれば，ごっこ遊びに参加する度合いの大きい子どもほど「心の理論」（コラム4）の指標となる誤信念課題において高い成績を収めることが明らかになった。このように心の理論が成立すると，他児は自分とは異なる考え方をもっていることも理解し，他児に配慮しながら自分をコントロールし，他児との良好な関係を築きながら遊ぶようになるのである。

高橋（1984）は，ごっこ遊びを幼児期の遊びの頂点といっている。それは，子どもの遊びのなかで複雑な遊びであり，認知やコミュニケーション，対人関係，社会性，情緒などと絡みあい，相互に関連しながら発達しているからである。

読書案内

エリス，M.J. 1973 森 楙・大塚忠剛・田中亨胤 2000 人間はなぜ遊ぶか――遊びの総合理論 黎明書房
ガーヴェイ，C. 1980 高橋たまき（訳）「ごっこ」の構造 サイエンス社
高橋たまき・中沢和子・森上史朗（編）1996 遊びの発達学（基礎編・発展編）培風館
サラチョ，O.N.，スポデック，B.（編著） 白川蓉子 山根耕平・北野幸子（訳） 2008 乳幼児教育における遊び――研究動向と実践への提言 培風館

10章 ● 道徳性と向社会性

エピソード

　ある日の満員の電車のなかの出来事。1人の老人がつり革につかまって立っている。そして，老人の前方の座席には1人の小学生が座っている。彼はしばらく考えた後，立ち上がって老人に席を譲った。もし彼に，なぜ席を譲ったのかを尋ねたら，どんな答えが返ってくるだろうか？「電車は揺れるので，あぶないから。もし転んだりしたら，大けがするかもしれない」だろうか？　あるいは，「電車でお年寄りが乗ってきたら席を譲るのが『良い子』だって，お母さんが言ってるから」だろうか？　はたまた，「隣に座っていたのはぼくのお父さんなんだ。お父さんは厳しいから，席を譲らなかったら，後でしかられそうだから」だろうか？

　「老人に席を譲る」という行為は，老人を危険から守り，ひと時のやすらぎを提供する。老人にとって良い結果をもたらす行為である。しかし，同じ行為であっても理由によってその性質は違ってくる。「あぶないから」という理由で行った場合と，「しかられるのがいや」という理由で行った場合とでは，どちらが道徳的であろうか？

　本章では，道徳性と向社会的行動の発達について紹介する。

1節では、向社会的行動の定義にふれ、その具体的内容を紹介する。そして、向社会的行動がいつごろからどのような形であらわれ、年齢とともにどう変化していくのかを述べる。2節では、共感という概念を紹介し、共感が向社会的行動を引き起こす過程と共感の発達段階について説明する。3節では、向社会的行動の動機に焦点をあて、道徳判断の3つの発達段階説を紹介しつつ、向社会的行動の質的な発達的変化について述べる。4節では、向社会的行動の発達を促す要因として、親への愛着と育児スタイルを取り上げ、どのような子育てが向社会的な子どもをはぐくむのかを考える。

1節 向社会的行動の発達

▶1 向社会的行動の定義

子どもが自発的に行う社会的行動の1つに、他者にプラスの結果をもたらそうとして行う行動がある。このような行動にはさまざまな種類があるが、たとえば、人と協力する（協力）、悲しんでいる人を慰める（慰め）、困っている人を援助する（援助）、自分の持ち物・食べ物を分け与える（分与）、恵まれない人に寄付をする（寄付）、けが人や急病人を救い出す（緊急援助）、などがある。アイゼンバーグとマッセン（1989）によれば、向社会的行動という場合には、他者にプラスの結果をもたらそうとして行ったかどうかが重要で、その理由は問わないという。したがって、ごほうびがもらえるから、親や先生にほめられるから、などの利己的な動機にもとづくものでも、向社会的行動とみなされる。

一方、向社会的行動のなかには、利己的な動機ではなく、純粋に相手の幸福を願って行うものもある。たとえば、相手の喜ぶ顔が見たいので、誕生日に手づくりのケーキを贈ってあげるとか、災害に遭って家も両親もなくした子どもをこころから気の毒に思い、小遣いの一部を進んで募金するといった行動である。このような行動は愛他行動（altruistic behavior）と呼ばれ、他者への気遣い、同情、その人自身の価値観、人助けにともなう満足感や自尊心の向上などの内的要因に動機づけられた行動と考えられている。

▶2　向社会的行動の年齢的変化

　では，向社会的行動は，いつごろからあらわれ，年齢とともにどのように変化していくのであろうか？　生後12カ月ころには，苦痛を示す他者（泣いている乳児など）を慰めるなどの向社会的行動がみられはじめる。養育者への向社会的行動も比較的早い時期からあらわれる。ラインゴールド（1982）の研究では，すでに18カ月齢の約90～100％の子どもが，テーブルに食器を並べる，散らばっているトランプを箱にしまう，しわくちゃな紙の山をくずかごに入れるなどの母親への援助行動を，自発的に行ったという。また，子どもたちが保育園や幼稚園に通いはじめると，他児とのやりとりのなかでも多様な向社会的行動があらわれる。ストレイヤーら（1979）は，幼稚園の自由遊び時間に子どもたちの行動を観察したところ，26人の幼児が30時間のあいだに合計1200回もの向社会的行動を示したことを報告している。そして，これらのうちの約60％が仲間に対して行われたものであったという。このなかで特に多かったのは，他児に遊具を貸す，とってやるなど物を与える行動，机をいっしょに動かすなどの協力行動，スモックを着るのを手伝うなどの援助行動，泣いている子どもを慰める行動であった。このように，子どもはすでに幼児期から，養育者や仲間に対して多様な向社会的行動を行うのである。

　児童期には，仲間たちとのやりとりもさらに活発になり，仲間への向社会的行動は一般的に年齢とともに増加する。4カ月にわたって教室内での小学生の自発的な向社会的行動を観察記録した広田（1995）によると，小学5年生のふだんの学級生活のなかでは，わからない問題を教える，学用品や教材を貸す，物を拾ってあげるといった向社会的行動が多くみられ，男子よりも女子が多く行い，異性間より同性間のやりとりのなかで多く生じることなどがわかっている。また，川島（1991）が幼稚園児から小学6年生を対象に行った実験では，寄付，救助，援助という向社会的行動を行う児童の割合は，特に4年生から6年生にかけて増加することを見出している。

　向社会的行動は，種類によって年齢的変化の様子に違いがある。たとえば，他者が溺れていたり，けがをしているのを助けるなどの緊急援助は，小学校高

学年から中学にかけて減少し，その後，高校にかけて増加する。一時的な減少は，援助者としての力量不足を懸念したり，援助行動が周囲から望まれていないかもしれない，援助を受ける相手の人を当惑させるかもしれない，などのことを心配するために生じるようである。この例が示すように，同じ向社会的行動でも，それを行う（あるいは行わない）に際して関与する要因は多様である。以下の節では，共感と道徳的判断に焦点をあてて，向社会的行動を引き起こす要因について説明する。

2節 思いやりの発達

▶ 1 思いやり（共感）とは？

向社会的行動を引き起こす1つの要因として，共感があげられる。これは私たちが日常的に使う「思いやり」に最も近い概念である。フェシュバック（1975）によれば，共感には，①他者の感情状態を識別する能力，②他者の視点，役割をとる能力，③共有された感情反応の喚起，の3つの成分があるという。なお，他者の苦しみに直面したときに引き起こされる感情には，他者の苦しみによって自分自身が苦しくなり，自分の苦しみを和らげることに方向づけられる「個人的苦しみの感情」と，他者の苦しみに同情的で，配慮や援助をすることに方向づけられる「共感的心配の感情」の2種類の感情がある。コークら（1978）は，①苦しんでいる他者の立場に立ってものを考えること（役割取得）により，共感的感情反応が高められ，②共感的感情（特に「共感的心配の感情」）により，向社会的行動への動機づけが高められると考えている。この仮説はいくつかの研究で支持

されている。たとえば，保育所の年中児と年長児を対象とした戸田（2003）の研究では，担当保育士が評定した幼児の向社会的行動傾向とAST（affective situation test：喜び，悲しみ，怒り，怖れの各感情を主人公が経験する架空の場面を示し，主人公の感情を推測させたり，話を聞いた被験児が主人公と同じ感情を引き起こされている度合いを尋ねることで共感を測定するテスト）によって測定された共感との関連を調べたところ，幼児は共感が高いほど，他児への支援・援助傾向が高いことが明らかにされている。

▶2 思いやり（共感）の発達

　幼児期の共感の発達過程を，他児が泣いているところに直面したときの反応を例にとってみていこう。生後間もない赤ちゃんは，そばで他の赤ちゃんが激しく泣いていると，同じように激しく泣きはじめるが，この反応こそ後の共感の萌芽である。これは，他の赤ちゃんの泣きに直面すると，生得的に備わっている泣きを模倣するメカニズムが発動し，いったん泣きはじめると今度は自分の泣き声と，それにともなった表情筋のパターンの変化が，実際に不快・苦痛の感情を生じさせ，強い泣きに結びつくと考えられている。1歳の終わりには，他児が激しく泣いているのを見た子どもは，しばらくその子どもを悲しそうに見つめた後に激しく泣き出し，その後，自分の母親のところに行って慰めてもらおうとする行動を示す。これは，他児の苦痛に直面して引き起こされた苦痛（共感的苦痛）を和らげるために，実際に自分が苦痛を感じたときにそれを和らげる方法をとるというもので，自分と他児が異なる存在であるという感覚をもってはいるが十分には完成していないために生じる反応である。

　2歳のはじめごろには，泣いている子どもを慰めようとする行動がみられるようになるが，この時期にはまだ自己中心的なもので，たとえば，泣いている子どもの母親がそばにいるのに自分の母親のところへ連れていこうとしたり，自分が気に入っているおもちゃなどをもっていってやったりするなど，自分が慰められるような方法をとる。この時期の子どもは，他児が自分と異なる存在であることをわかっているが，まだ他児が自分とは異なる欲求や願望をもった

存在であることを理解はしていないためこのような行動をとる。

2歳半ごろになると、子どもは他児が自分とは異なる欲求や願望をもった存在であることに気づく。そのため、泣いている他児に直面したときに、泣いている子どものお気に入りの人形をもってきて慰める行動をとるようになる。この時期の子どもが共感できる他者の感情は単純なものに限定されるが、相手に注意を向け、相手がどのように感じているかを想像する役割取得（role taking）のめばえがみられ、それが慰めるという行動を引き起こすようになるのである。

その後、児童期から青年期にかけて、役割取得がさらに発達し、他者の視点から自己の思考や行動を内省できる段階を経て、自己と相手以外の第三者の視点に立つこと、さらにはさまざまな視点が存在するなかで、自分自身の視点を理解することができる段階へと進む。これにともなって共感にも発達的変化があらわれ、自分が直面する相手への共感にかぎらず、より広い生活場面での一般化された困窮に対しても共感を示すようになる（Hoffman, 2001）。

3節 道徳性の発達

▶1 道徳性とは？

向社会的行動の発達に影響をおよぼす重要な要因として道徳性があげられる。道徳性とは、善悪の判断にもとづいて行為が選択されるとき、その行為の質をさすことばである。たとえば、大変な努力をして誰かを助けたとしても、後に得られるであろう大きな見返りをあてにして行った場合と、損得抜きで、純粋に相手の福祉のために行った場合では、どちらが道徳的に高い水準の行為であろうか？　向社会的行動のなかでも、後者のように、個人の利害よりむしろ、他人への気づかいや同情、個人の価値観（たとえば、「他人の福祉に役立つことが自分にとって重要な価値である」など）、自尊感情や満足感（価値観と一致した行動をとることで得られる）によって動機づけられて行われるものは、

特に愛他行動と呼ばれる。道徳性は愛他行動の発達を考えるうえで重要な概念である。

道徳性には3つの側面がある。第1は、ものごとや人の行為についての善悪の判断の原理を認識する側面（認知的側面）である。第2は、善悪の原理に一致させるよう自分の行動をコントロールする側面（行動的側面）である。そして第3は、悪いことをしたために後悔したり、罪悪感を感じるなどの情緒的側面である。3つの側面は互いに関連しあいながら、道徳性を構成している。道徳性の認知的側面については、認知発達理論の観点から数多くの研究が行われてきた。これらの研究は道徳判断というテーマのもとで行われてきたが、その興味の対象は、行為について人が下す善悪の判断の質と、その発達的変化である。これまでに、ピアジェ、コールバーグ、アイゼンバーグなどにより道徳判断の発達段階説が唱えられ、実証的に検討されてきた。

▶2 ピアジェの道徳判断の発達論

ピアジェは認知発達の研究に大きな影響をおよぼした人物であるが（4章）、子どもの道徳判断についてもふれている。彼は、さまざまな年齢の子どもと面接し、たとえば、「ある子どもが、わざとではないけれども、間違った道を教えたために、男の人が道に迷ってしまった」という話と、「別の子がわざと違う道を教えたのに、男の人は自分で正しい道を見つけたので迷わずにすんだ」という話を聞かせ、どちらが悪い子どもか判断させた。そして、子どもたちの反応から、道徳判断は、結果によって行為の善悪が判断される「結果論的道徳」の段階から、行為者の動機や意図を重視して、行為の善悪が判断される「動機論的道徳」へと発達的に変化するとした。

▶3 コールバーグの道徳判断の発達論

ピアジェの道徳判断の発達論を、さらに発展させたのがコールバーグである。彼は、法律や権威に従うことが主人公や他の人々の幸福と対立する、いわゆる「道徳的ジレンマ」の物語を聞かせた。さらに、子どもたちに、物語の主人

表 10-1 コールバーグの道徳判断の発達段階 (山岸, 1976 より作成)

水準1	前慣習的水準（道徳的価値は外的・準物理的出来事や行為にある） 　段階1　罰や制裁を回避し，権威に対して自己中心的に服従 　段階2　報酬，利益を求め，素朴な利己主義を志向
水準2	慣習的水準（道徳的価値は，良いまたは正しい役割を行い，紋切型の秩序や他者の期待にそむかないことにある） 　段階3　良い子への志向，他者からの是認を求め，他者に同調する 　段階4　義務を果たし，与えられた社会秩序を守ることへの志向
水準3	原則的水準（道徳的価値は，自己自身の原則，規範の維持にある） 　段階5　平等の維持，契約（自由で平等な個人どうしの一致）への志向 　段階6　良心と原則への志向，相互の信頼と尊厳への志向

公はどうするべきか，またそれはなぜかを尋ねるという方法によって，表 10-1 に示す3水準6段階からなる発達段階説を唱えた。この説は，ピアジェの説より詳細で，幼児期から成人期までのより広い範囲にわたる発達的変化が取り上げられている。これらの発達段階に示されている順序は不変で，ある段階を飛び越して後の段階があらわれたり，前後の順序が入れ替わってあらわれることはないと，彼は主張する。また，道徳判断の発達のレベルには個人差があるが，それは各人がそれまでに到達し得た段階が異なることによって生じるとされている。ピアジェ同様，コールバーグも，道徳判断の発達は認知の成熟と経験によって促進されると考えており，なかでもさまざまな社会的役割をとる経験は，他者の立場からものごとを認識する能力を高めるとして重視されている。

　コールバーグの発達説は実証的研究によって部分的には支持されているが，この発達段階説の内容となる道徳は，自由主義・民主主義の理念を前提とするもので，これとは異なった理念や価値観にもとづく国々の道徳性をとらえるには，必ずしも適切ではないという批判もある。

▶4　アイゼンバーグの向社会的道徳判断の発達段階説

　ピアジェやコールバーグは，法律，規則，権威，責任，正義などの領域での道徳判断を取り上げたが，近年では，向社会的な領域での道徳判断の発達段階

コラム10 統制可能性の認知と感情が援助行動におよぼす影響

「犬小屋をつくるのが下手だけどがんばる」子ども（かずお）と，「犬小屋づくりが上手だけどがんばらない」子ども（たろう）がいたとしよう。2人がともに犬小屋づくりに取り組んで，失敗してしまったとき，その一部始終を見ていた子ども（援助者）は，それぞれの子どものことをどう思うだろうか？ また，どちらの子どもを援助しようとするだろうか？

困っている他者を援助するか否かを子どもが決めるとき，困っている他者が，その事態を1人で解決できるか否かの判断（統制可能性の認知）と，それにともなって引き起こされる感情が重要な役割を果たす。岩立（1995）は幼稚園児と小学1～5年生の児童を対象に，冒頭の例話を示し，援助者がどちらの子を助けるか，またそれぞれの子どもに対する援助者の感情を尋ねた。その結果，帰属依存感情を推測した子どもの8割弱が，統制不可能な子どもを援助すると答え，同じ困窮事態でも，被援助者が統制不可能な事態では，子どもは「かわいそう」と感じて援助をするが，統制可能な事態では，そうはならないことが明らかにされた。

表　感情別，援助対象の選択（岩立，1995）

感情＼援助対象	統制不可能	統制可能	両方
帰属依存感情	57 (78.1)	4 (5.5)	12 (16.4)
結果依存感情	10 (43.5)	2 (8.7)	11 (47.8)
その他の感情	3 (21.4)	1 (7.1)	10 (71.5)

人数（％）

感情：かわいそう（positive：P）；いい気味，おもしろい，怒る（negative：N）；仕方ない（neutral：NT）から択一。
結果依存感情：統制可能・統制不可能のいずれの条件下でも同じ感情が生起する。つまり，失敗という結果によって感情が喚起された場合（かずおにも，たろうにも，ともに同じP，またはNの感情を示す）。
帰属依存感情：失敗の原因に着目し，それぞれの原因（統制可能性）に応じた，異なった感情が生起する場合（かずおとたろうに対する感情のパターンは，P－N，P－NT，NT－Nなど）。

説が，アイゼンバーグら（1989）によって研究されている。彼女もまた，道徳的ジレンマ物語を用いたが，その内容は，自分を犠牲にして他人を援助すべきか否かを問うものである。たとえば，「水泳の得意なある青年が，身体障害で歩けない子どものために水泳を教えてくれと依頼された。理由は水泳の練習で歩けるようになるかもしれないということである。町でこの役が務まるのはこの青年以外にはいないが，依頼を受けると青年の自由時間はほとんどなくなってしまう。青年はいくつかの重要な大会を控えており，できるだけ多く練習したいと思っていた。十分練習をしないと大会で勝てる可能性も少なくなり，大

表10-2 向社会的道徳判断の発達段階（アイゼンバーグ＆マッセン，1989より作成）

〈レベル1〉 快楽主義的・ 自己焦点的指向	小学校入学前・小学校低学年で優勢な様相 道徳的配慮により，自分に向けられた結果に関心をもつ。他者を助けるか否かは，自己への直接的・将来的結果，相手に対する感情などによる。
〈レベル2〉 要求に目を向けた指向	小学校入学前・多くの小学生で優勢な様相 自分の要求と対立しても，他者の要求に関心を示す。この関心は同情の言語的表現や内面化された感情への言及ははっきりみられず，単純なことばで表現される。
〈レベル3〉 承認および対人的指向 または紋切り型の指向	小学生の一部と中・高生で優勢な様相 良い人（行動）・悪い人（行動）についての紋切り型のイメージ，他者からの承認や受容を考慮することが向社会的行動をするかどうかの理由となる。
〈レベル4a〉 自己反省的な共感的指向	小学校高学年の少数と多くの中・高生で優勢な様相 自己反省的な同情的応答や役割取得，他者の人間性への配慮，人の行為の結果についての罪責感や肯定的な感情などを含む。
〈レベル4b〉 移行段階	中・高生の少数とそれ以上の年齢で優勢な様相 助けるか否かの理由は，内面化された価値や規範，義務と責任を含み，社会の条件，他者の権利や尊厳を守る必要性の言及を含む。しかし，これらの考えは明確に述べられてはいない。
〈レベル5〉 強く内面化された段階	中・高生の少数のみに優勢。小学生にはみられない 助けるか否かの理由は，内面化された価値や規範，責任，個人的・社会的に契約した義務の遵守，社会を良くしたい願望，すべての個人の尊厳・権利・平等についての信念にもとづく。自分自身の価値や規範に従って生きることで，自尊心にかかわる正・負の感情を示す。

学への奨学金や賞金をもらうのがむずかしくなる。青年はこの依頼を引き受けるべきだろうか。それはなぜか」というものである。

　このようなジレンマ物語に対する子どもたちの反応をまとめ，アイゼンバーグは表 10-2 の発達段階説を唱えた。これによると，援助するかどうかの道徳的判断は，まず自分にもたらされる結果に焦点化された段階からはじまり（レベル 1），次に，たとえ自分の要求と対立するものであっても，他者の要求にも関心を向けられる段階（レベル 2）へ，さらには，援助する（しない）ことが，他者から認められ，受け入れられるか否かに関心が向けられる段階（レベル 3）へと進む。そして，相手の立場をふまえて，その気持ちを考慮したり，相手の人間性を尊重することを理由とする段階を経て（レベル 4），自己のなかに内面化された価値や規範を理由とする段階に至る（レベル 5）。文化により多少の差はあるが，アメリカ，ドイツ，イスラエル，日本などではこの発達段階の妥当性が実証されている。このように，道徳判断の発達は，向社会的行動を愛他行動へと質的に変化させていくうえで重要な役割を果たすのである。

4節　向社会性をはぐくむ親子関係

　さまざまな場面にわたって，人間の行動を観察した場合，一般に向社会的行動を行いやすい人もいれば，そうではない人もいる。このように，向社会的行動を行いやすい人格特性を向社会性と呼ぶ。本節では親子関係に焦点をあて，子どもの向社会性の発達を促す要因についてふれる。

▶ 1　親への愛着

　親との関係は，子どもが人生の最初にもつ重要な人間関係である。乳幼児期に，親子間の安定した情緒的な絆（愛着：アタッチメント）が形成されることは，子どもに，世界に対する基本的信頼感の獲得をもたらし，ひいては子どものその後の人格の発達に肯定的な影響を与える。乳幼児期の親への安定した愛

着の形成は，向社会性の発達にも良い影響を与える。たとえば，ウォータースら（1979）は，1歳半の時点で，母親に対して安定した愛着を形成した子どもは，3歳半の時点で保育園の仲間集団のリーダーとなり，仲間の要求や感情に敏感で，他者の苦しみに同情を示す傾向が強いことを見出している。子どもとのあいだに安定した愛着を形成する親は，子どもに温かく接し，子どもの感情や欲求に敏感で，応答性が高いという傾向がある。一般に乳幼児に対してこのような接し方ができる親は，子どもとのあいだに肯定的なやりとりを多く行い，子どもはそのような相互作用の経験から，他者の感情に対する感受性，肯定的な対人的構えと動機を習得し，向社会性の基礎を形成するのである。

▶2　親の行動のモデリング

他者に親切にふるまう親の姿は，子どもにとっては向社会的行動の良き手本となる。次に紹介する実験はそのことを端的にあらわしている。

ヤーロウら（1973）は，3歳半から5歳半の保育園児を対象に実験を行った。この実験では，保育園児は保育者から友好的・援助的に接してもらえる条件（高養育条件）とそうでない条件（低養育性条件）の2群に分けられ，さらにそれぞれのグループの半数はその保育者から，動物の模型を使った援助行動の小物語を聞かされ，常に困っている人に同情していることや援助して相手が幸福になってうれしいことをことばで伝えられた（象徴的モデリング条件）。残りの半数にはこの小物語に加えて，実際に保育者が子どもに向社会的行動を行っている姿をみせた（象徴的＋現実モデリング）。各条件の幼児がその後行った向社会的行動を比較すると，象徴的＋現実モデリング条件の幼児が実験2日後と2週間後の現実場面での援助行動が最も多かった。

この実験が示すように，日ごろから，親が他者に向社会的行動を行う姿を子どもがみる機会が多いと，その子どもも他者への向社会的行動を多く行うようになる。特に，援助をする親が困っている人に配慮をしていることを，また，援助をした結果相手が喜んで幸福になっていることを，子どもがわかるように言語化しながら向社会的行動のモデルを示すと効果的であると考えられる。

▶3 しつけ技法と育児スタイル

　親がしつけの際に用いる代表的な技法として,「誘導的しつけ」と「力によるしつけ」がある。誘導的しつけとは,子どもの行為が,相手の子どもやその子自身に与える結果や,良くない行いをしてはいけない理由,償いをすべき理由を,感情を込めて説明するしつけ技法である。これとは対照的に,力によるしつけは,体罰を用いる,力で押し切る,脅すなど物理的な力で子どもを統制するしつけ技法である。保育園児とその親を対象としたホフマン(1963)の研究では,親が誘導的なしつけを多く用い,力によるしつけをほとんど用いない場合に,子どもは他者の要求に最も敏感で,援助的であることが示されている。このしつけ技法の効果は,より年長の子どもの場合にも認められている。誘導的しつけの技法は,他人の立場からものごとを考える機会を子どもに与えるし,また,「外的な強制や賞罰によってでなく,自分の意思や判断によって,向社会的行動を行ったのだ」という理由づけを,子ども自身が行えるようになるため,このような効果が得られるものと考えられる。

　より広く,育児行動全体のスタイルという点から考えてみよう。バウムリンド(1967)は育児行動を,養育上の統制,親子間のコミュニケーションの明快さ,成熟の要求,養育の4次元でとらえ,それぞれの次元の強弱から,表10-3に示す3つの育児スタイル(権威主義的,威厳のある,許容的)を見出した。幼児期に威厳のある仕方で育てられた子どもは,他の育児スタイルで育てられた子どもより,保育園の時点と9歳の時点でともに,社会的責任感がある,仲間と友好的,協力的であるなど,向社会的な行動特徴を示した。威厳のある育児

表10-3　親の育児行動パターン (バウムリンド, 1967より作成)

次元	統制		コミュニケーションの明快さ		成熟の要求		養育	
パターン	高	低	高	低	高	低	高	低
権威主義的	○			○	○			○
威厳のある	○		○		○		○	
許容的		○	○			○	○	

をする親は，温かく，愛情豊かで，応答的である（これらは安定した愛着を形成する要因でもある）ばかりでなく，家庭内で決めごとをするときや，子どもに指示や賞罰を与えるときに，よく理由を説明し，子どもとことばによるコミュニケーションを十分にとる。また，このような親は，成熟した行動をとること，家事の手伝いなど家庭内での責任を果たすことを子どもに求める。単に愛情を注ぐのでなく，幼いころから，子どもと十分にコミュニケーションをとり，自立した行動や責任ある行動をとるよう求めることが，子どもの向社会性を育てるのである。

読書案内

アイゼンバーグ，N. 1992 二宮克美・首藤敏元・宗方比佐子（訳） 1995 思いやりのある子どもたち――向社会的行動の発達心理 北大路書房
ホフマン，M.L. 2000 菊池章夫・二宮克美（訳） 2001 共感と道徳性の発達心理学 川島書店
高野清純 1987 愛他心の発達心理学 有斐閣
渡辺弥生・伊藤順子・杉村伸一郎（編） 2008 原著で学ぶ社会性の発達 ナカニシヤ出版

11章 ● 父親と母親

エピソード

　息子は4歳になる年の4月，T幼稚園に入園し，はじめての集団生活を過ごした。その幼稚園では入園式はもちろんのこと，参観やスポーツデー，夏祭りに運動会，制作展や発表会など，すべての行事にできるだけ両親で参加することが望ましいとされていた。両親だけでなく，祖父母にも「おじいちゃま，おばあちゃまもどうぞ」と，家族全員の参加を呼びかけていた。そんなわけで，私も夫といっしょに幼稚園の行事に参加した。お友だちとのびのび遊ぶわが子の姿や家庭では見られないわが子のお兄さんぶりに，夫も私も本当にこころ温まる思いだった。周囲を見回してみると，どの親御さんもみんな目を細めて子どもの遊ぶ様子をじっと見ているようだった。

　わが子に「パパもぼくの幼稚園に見にきてね」と言われ，ゴルフの約束をしぶしぶキャンセルして幼稚園に来ていたお父さんも多かったように記憶している。子どもの様子を母親から聞くだけでなく，「自分の目で見ることができて本当によかった」と，ほとんどのお父さんは感じていたようだ。

一般的に「子育て」は，母親の仕事であると考えられてきた。父親は家族を経済的に養うために働きに出かけ，母親は家のなかで家事一般をこなし子育てをする，というのが平均的な家庭であった。働く女性が増え，家事も夫婦共同作業になってきたとはいえ，「子育て」に関しては，わが国ではまだ「母親に一任」という父親が多いのではないだろうか。

そこで，本章では「子育て」を夫婦共同で行うものという考えのもとに，1節では父親の子育て，2節では母親の子育てを新しい視点からとらえ，3節では養育環境が親子関係にどのようにかかわるのかについて考える。

1節 父親の子育て

▶ 1　父親の役割

父親は一家の中心であり，家族から尊敬される人格の持ち主でなければならない，というのが昔ながらの父親観であった。しかし，少子化が進み3人家族や4人家族が増えるにつれ，「家族の象徴的存在」であった父親も子育てに参加することが求められるようになってきた。また，1970年代ごろから，父親も母親と同じように，乳幼児の発達に大きな影響力をもつことが明らかになってきた。母親は父親よりも子どもといっしょにいる時間が長く，基本的生活習慣などのしつけ面に関しては，主たる養育者であることに変わりはないと考えられるが，知的な面や情緒面の発達に関しては，父親もおおいに影響力をもつのである。

筆者は子育てにおける父親と母親の役割について，いずれ家庭をもって父親，母親になると考えられる男女40名の大学生を対象に調査をした。その結果，父親の役割としては，①子どもといっしょに遊ぶ，②子どもをお風呂に入れる，③お金を稼ぐ，④家事，育児を手伝う，⑤子どもを寝かせる，などの項目が上位に上げられた。少数ではあるが，"男としてのあり方を教える""威厳を保つ""妻や子どもを大切にして家庭を守る"のように，父親を依然として「家庭の

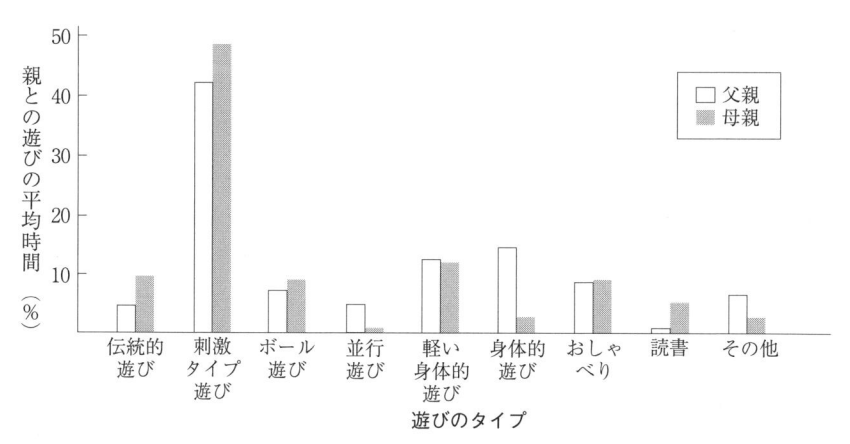

図 11-1　月齢 12 カ月，13 カ月の幼児で観察された親子遊びのタイプ（ラム，1977）

象徴，家長」として認識している回答も得られた。しかし，父親の主たる役割は，とにかく子どもと楽しくいっしょに遊ぶことであると考えられているようである。

ラム（1977）は図 11-1 に示すように，遊びの相互作用を分析した。その結果，父親と母親では子どもとの遊び方が異なっていることが明らかにされた。母親は"いないいないばあ"などの伝統的遊びやおもちゃを使っての遊びが多かったが，父親は身体的遊びや子どもが特に喜ぶような独自の遊びをすることが多かったのである。このような遊びのタイプの違いは子どもの親和行動が父親に対して向けられやすいことをある程度説明していると考えられる。きょうだい関係や友人関係がまだ形成されていない乳児にとって，父親は子どもの最も親しい友だちである。父親は遊びのなかで，ルールを教え，創造的思考や知的好奇心がめばえるような環境をつくり出すことが望ましいといえよう。

▶2　父性のめばえ

母親は妊娠すると，体型が変化してきたり，胎動を感じたりして母親になることを実感し徐々に母性がめばえてくると考えられるが，父親の父性はいつごろから，どのようにしてめばえてくるのであろうか。

妻から妊娠を知らされると「おれも父親になるのかあ」と，何となく複雑な思いを経験する。「複雑な思い」のなかには父性と家父長的な責任感が含まれている。父親の場合は，子どもが生まれた初期のころ「お父さんに目元がそっくりですね」とか，職場で「お子さんが生まれたのだから早く帰らなくちゃいけませんね」などと言われることによって，自発的というよりは外発的に父性をめばえさせられることが多い。

しかし，お風呂に入れたり，ミルクをあげたりして子育てにかかわっていくうちに父性は徐々に強くなっていく。そして，子どもが少し大きくなり，自分が仕事に出かけるときに「パパ，いってらっしゃい」と手を振って見送ってくれたり，仕事から帰ったときには「パパおかえりなさい」と玄関まで走ってきて笑顔で迎えられたりすると，疲れていても「ただいま」とわが子を抱き上げるサービスまでするようになる。このような父子相互作用を通じて父性は確固たるものになっていく。

▶3　父親不在

単身赴任，遠距離通勤，死別，別居，離婚などのように，父親が物理的に家族といっしょにいない場合を「父親不在」と考えるのが一般的であるが，近ごろの家庭では，父親は家にいるけれども家族との会話もなく，もちろん一家団らんもないというケースがみられる。父親は仕事しか頭になく，家でも明日の会議のために書類を作成したり，夜遅くまでパソコンに向かってデータ処理をしたりしている。あるいは，会社で全精力を使い果たしてきたかのように，家ではボーッとして新聞をパラパラめくっている。いっしょに遊んでもらおうと父親の帰りを首を長くして待っていた子どもは，そんな父親の様子をみても「パパ，遊んで」と駄々をこね，母親に「パパ疲れているからあっちへいってようね」と言われ泣き出してしまう，といった具合である。当然，子どもをなだめる母親も1日の子育ての疲れがピークに達し，楽しいはずの一家団らんが家族の疲労のたまり場に変わってしまう。このような環境は乳幼児の人格形成や情緒面の発達に良い影響をもたらすわけがなく，青年期を迎え，社会的に不適

応を起こすこともある。特に，男児の場合は父親から受ける影響は大きく，父親の姿をみて学ぶべき男性の役割を子どものときにうまく習得できなかったことが，おとなになってマイナス面となってあらわれやすい。

　「子どもとどのようにかかわればよいのかわからない」という父親の声を耳にすることもあり，また，時間的にゆとりがあるにもかかわらず子どもと接することを避ける父親もいる。保育園，幼稚園，小学校などでは「父親の会」が設けられ，「子どもとこんな会話を交わした」とか，「学校での様子を子どもが生き生きと話してくれた」など，父親が子どもとどのようにかかわっているのかについて情報交換の機会が増えているので，このような会に積極的に参加する姿勢が求められる。

2節　母親の子育て

▶1　母親の役割

　昔も今も母親が家族のなかで果たす役割は，非常に大きい。母親が病気をして寝込んだり，用事で家を留守にしたりすると父親や子どもはオロオロするばかりである。コンビニやインスタント食品のおかげで食べることに関してはどうにかしのぐことができても，その他の家事一切や子どもの世話に至っては，もうお手上げ状態になってしまう。

　1節で父親の役割についての調査結果を述べたが，母親の役割についての調査結果は，①家事全般（料理，洗濯，そうじ），②子どもの世話，③しつけ，④子どもの遊び相手，⑤優しくする，などが上位にあげられた。父親が外へ働きにいっているあいだ，母親はそうじや洗濯などの家事をこなし，子どもに食事を与えたり基本的生活習慣をしつけたり，いっしょに遊んであげたりしながら1日を過ごすということになる。

　子どもは母親とこのように接することにより母親のやさしさや温かさを認識していく。したがって，日ごろ，父親と楽しく遊ぶ子どもも遊び疲れたときや，

具合が悪いときなどには特に母親を求めがちである。子どもがこの世に生まれてきてはじめて出会うのは母親であり，生活のすべてにおいて世話になり，いつもそばにいてくれて頼りになるのは母親なのである。子どもは，毎日何度も母親に抱っこやおんぶをされるうちに，自然に「母のぬくもり」を覚えていく。

父親も抱っこやおんぶをしないわけではないが，父親と母親では子どもとの遊び方が異なっていたように，子どもが特に好む「抱っこ」という行動に関しても，父親と母親では意味が違う。ラム（1977）は両親が子どもを抱くという行動の分析を行った。その結果，図11-2に示すように，母親は世話をしたり，しつけるために抱くことが多く，父親は遊ぶために抱くことが多かった。このように，母親はいつも「子どもの親」であり「養育者」である。子どもも母親を「自分を守ってくれる人」と認識し，母子のあいだの結びつきは強い。ボウルビィ（1969）は，このような結びつきを「アタッチメント（愛着）」と呼び，乳児の種々の行動（母親を目で追う，泣いたり，笑ったり，声を発したり，母親を探す）が，母親の養育行動を引き起こし，強い母子関係が生じることを明らかにした。

また，母親は家のなかに閉じこもってばかりいるのではなく，天気の良い日などは子どもを公園に連れていって遊ばせることが多い。いわゆる「公園デビュー」をさせるわけであるが，「公園デビュー」は子どもだけではなく母親にとっても，自分と同じように子育てをしている母親たちと子育てに関する情報を交換するのに良い機会である。「公園デビュー」については，すでにグループができていてなかなか仲間に入れてくれないとか，遊具を順番に使わない，などの問題もあるかもしれないが，近ごろよく聞く「育児ノイローゼ」にならないようにするためにも「公園デビュー」をして子育て仲間をつくることが望ましいであろう。

日々同じような経験をしている母親たちと育児について話しあうことで母親の子育ての輪ができていく。成功談や失敗談にはじまり，「父親はこんなふうに子育てに参加している」とか「離乳食にこんなものを食べさせてみた」「子どもが少し歩けるようになった」など，母親どうしで日ごろのことを話すだ

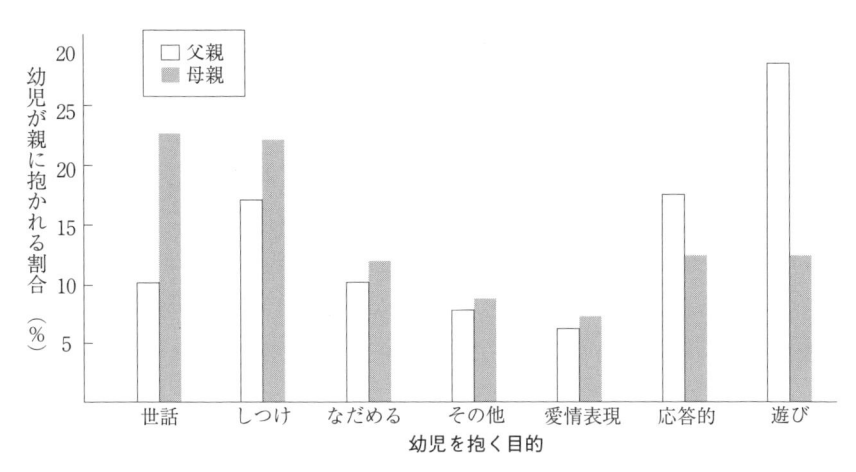

図 11-2　月齢 12 カ月，13 カ月の幼児を抱く理由の両親間の違い（ラム，1977）

けで，子どもといっしょに部屋にこもっているより子育てが楽しく感じられる。子どもも，自分と同じような子どもがたくさんいて，何となく友だちらしき感情がめばえてくる。公園にはブランコ，すべり台，砂場などの遊具もあり，子どもの知的好奇心をめばえさせるためには絶好の場所である。また，地域のイベントでは保育園や幼稚園などの保育者が中心となって手遊びやリズム遊びなどを行い，日ごろなかなかできないような親子でふれあう遊びを経験することが多い。母親も子どももともに新しい経験をとおして母子関係が良好なものになっていく。

▶2　母性のめばえ

　子どもに対する母性はいつごろめばえるのであろうか。一般的には，母親の母性感情は妊娠期間に胎児のために栄養を考えて食事をするようになったり，情緒が安定するような音楽を聞いたり，胎動が感じられたりして妊娠が進み，出産のための準備をしたりするうちに生まれてくると考えられている。そして，出産することにより，「自分はこの子の母親なのだ」と母親としての意識が高まる。母親は，食事や排泄など子どもの世話をし，お昼寝をさせたり絵本を読

んであげたりして一日中子どもと生活をともにする。

　母親は子どもにミルクをあげるときなどには，子どもの顔を見つめ，子どもに話しかけたりする。子どもも母親の顔をじっと見つめ，時折ニッコリほほえんだりする。母親は子どもの笑顔にいとおしさを感じるようになり，このような母子相互作用を通じて母性はいっそう強いものになっていく。子育てに対して夫の援助を得ることによって，夫を「子どもの父親」であると認識し，夫から「ママ」とか「お母さん」と呼ばれるようになるのと同じように自分もまた夫のことを「パパ」とか「お父さん」と呼ぶようになり，新しい家族関係が生まれるのである。

▶3　母親不在

　母親不在には，母親が長期入院をしたり，死別した場合，また，子ども自身が生後まもなく入院を余儀なくされたり，何らかの理由で施設入所した場合などのように物理的に母親がいない場合と，母親といっしょに暮らしていても母親から十分な養育を受けていない場合が考えられる。母親不在の環境にあり，一般的に"ホスピタリズム"と呼ばれている場合では，長期入院をしている子どもや施設に預けられている子どもは，基本的生活習慣などは早く身につくが，情緒面や知的な面，対人関係面に障害がみられる。このことは母性的養育の欠如によるものであると考えられている。

　共働きの夫婦が増加し，乳幼児でも祖父母に預けられたり，保育園に預けられたりすることが多くなってきている。祖父母に預けられた場合には，家族的雰囲気が保たれているが，子どもの世話をする人が少ない施設では，1人の保育士が多数の乳幼児を養育しなくてはならず，どうしても家庭的な環境は得られない。できるだけ少人数のグループに分けて，同一の保育士が食事や排泄，遊びなどの全般的な養育を行うことが望ましい。

　また，母親といっしょに暮らしているのに母親の母性が欠如し，母親が育児ノイローゼのために，本来得られるはずの「母親のやさしさや温かさ」を感じることもなく，母親とのあいだに安定した愛着が形成されない場合がある。母

親は妊娠してから出産するまでのあいだにすでに母性がめばえているはずであるが，今までに経験したことのない出来事の連続で子どもの泣き声を聞いただけでノイローゼになり，結果として虐待におよんでしまう場合もある。児童虐待は年々増えており，2007年度は初めて4万件を超え，虐待を受けて死亡した児童は2003～2006年に295人いた。厚生労働省は虐待そのものが増えているほか，虐待に対する社会的関心が高まっているという見解を示している。核家族化が進む現代社会において，母親は育児について相談できる人がいないために，育児不安や育児ストレスで心身ともに疲れている。子どもの発達について十分な知識がないため，母親が自分の子どもと他の子どもとを比べて「歩くのが遅い」「ことばが遅い」などと不安がふくらみ，育児ノイローゼに陥る場合がある。そうならないために，保育園，幼稚園の保育者から発達についての助言を得たり，地域の子育て支援ネットワークに参加したりして，心理学的な知識を身につけることも必要である。

3節 養育環境と親子関係

▶ 1 親子の相互作用

　親子の相互作用は，父子相互作用，母子相互作用のように二者間の相互作用としてとらえるのではなく，父，母，子どもの三者間の相互作用としてとらえるべきものである。父親も母親も子どもが生まれてからミルクをあげたり，おむつを替えたり，お風呂に入れたりというように子どもの世話を昼夜を問わず行うようになる。「かわいいわが子のために」という気持ちで子どもの育児を行っているうちに，子どものほうも「自分のためにいつもそばにいて，世話をしてくれる人」という認知がなされ，父親や母親がほほえむとこころのやすらぎを覚え，子どももニッコリする。
　このような子どもの表情は父親の父性，母親の母性をより強いものにすると同時に，良好な親子関係を形成していく。母親も1人で育児を行うのではなく，

コラム 11

知育玩具

　このところ，おもちゃの売れ筋に変化がみられるようになってきた。少し前までは，男の子ならヒーローものやミニカー，女の子ならおままごとセットやぬいぐるみなどがお誕生日やクリスマスのプレゼントとして好適品と考えられてきた。現在，この傾向が全くみられなくなったというわけではないが，おもちゃの主流となってきているのは，「創造性」や「構成力」を養うブロックや，ものの回転する様子などの「動き」を観察できるようなおもちゃ，「音感」を豊かにするような楽器を模したおもちゃなどのいわゆる「知育玩具」である。以前は5歳から6歳の子どもを対象にしてつくられた知育玩具が多かったが，今では2歳から3歳向け，1歳以下の乳児向けにまで対象年齢が下がってきている。これは，早期教育や少子化が進み，おもちゃに求めるものが変化してきた結果であると考えられる。

　キッズコンピュータのような子どもでも扱えるパソコンも随分出回っているが，対応するソフトは単なるゲームだけではなくひらがなやカタカナ，数の計算を勉強するものなど実に多種多様である。昔と違って小学校入学前に本をすらすら読み，算数の計算が何の苦もなくできる子どもが増えているのはこのような「知育玩具」の台頭に負うところが大きいと思われる。しかし，公園などでヒーローごっこをして元気よく無邪気に遊んでいる子どもや，おままごとでちょっぴりすまし顔をしてごはんをつくるまねをする子どもの姿に頭でっかちでない，本来の子どもらしさを感じ，ホッとさせられるのである。

　父親が育児に参加することで共同の養育者という新しい夫婦関係が生まれ，夫婦間の結束もいっそう強いものになる。従来の親子関係は母子関係が中心であったが，親子関係はペダーセンら（1979）の研究にみられるように父―母―子どもの三者関係に広がり，さらに親子関係に夫婦関係も関与することが示唆されている。

　ベルスキー（ペダーセン，1980）は，乳児の発達におよぼす親の影響を調べ

る際に父─母─子どもの家族単位で調べることの必要性を示し，家族内において子どもの養育を父親と母親がどのように分担しているかによって，子どもに対する父親と母親のはたらきかけの効果が異なることを示した。

▶2 親の養育態度と子どもの性格

子どもの性格は，生まれた瞬間に形成されるものではなく父親や母親などの家族との生活のなかで形成されていくと考えられる。

サイモンズ（宮城，1985）は，親の養育態度と子どもの性格について研究し，図11-3に示すように，親の養育態度について，保護─拒否，支配─服従という2つの次元を考案し，2つの次元軸が直交する原点を最も望ましい養育態度とした。サイモンズらはこのような親の養育態度によって以下のような子どもの性格が形成されると考えた。

(1) 民主型　　素直，親切，独立的，協力的，社交的
(2) かまいすぎ型　　幼児的，依存的，忍耐力や責任感の欠如，集団生活への不適応
(3) 甘やかし型　　甘えん坊，わがまま，内弁慶，忍耐力や責任感の欠如
(4) 無視型　　人の注意を引こうとする，愛情を求める，攻撃的，反社会的
(5) 残忍型　　神経質，従順，子どもらしさの欠如，逃避的
(6) 矛盾型　　落ち着きがない，疑い深い，ひねくれ，判断力の欠如

このような親の養育態度と子どもの性格の関係は平均的なものであり，必ずしも特定の養育態度が特定の性格形成に結びつくものではない。

「親の背中を見て子は育つ」というように，父親と母親の日常生活場面での態度や行動を見て子どもは成長していく。幼い子どもでも「あれ，お父さんとお母さん，いつもぼくに○○しちゃいけないっていってるのに変だなあ」と子どもに疑問をもたせてしまうような行動は，親へ不信感を抱かせるだけではなく，子どもの社会生活に対する自信をもうすれさせてしまう。子どもは父親や母親との生活のなかからさまざまなことを学んでいく。そして，社会で生活していくうえでの規律や人との接し方などを自然に身につけ，社会にうまく適

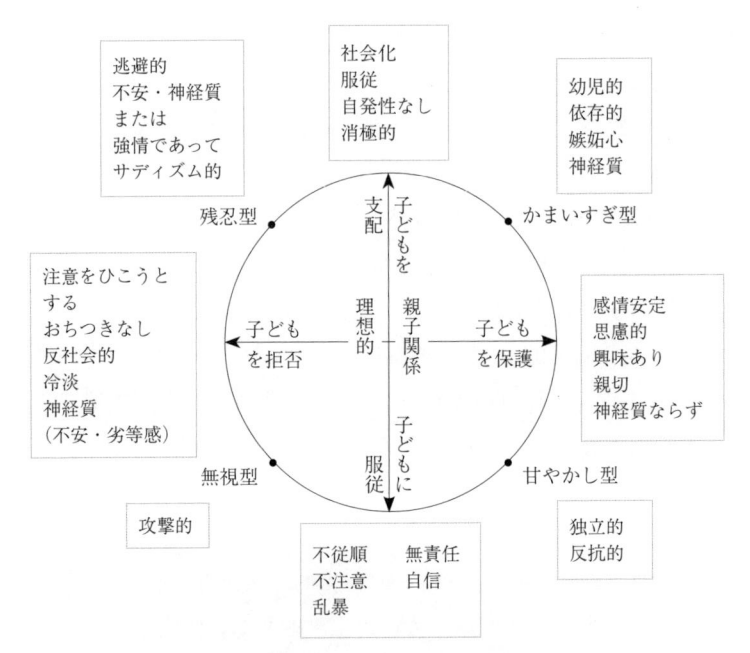

```
        逃避的              社会化           幼児的
        不安・神経質        服従             依存的
        または              自発性なし       嫉妬心
        強情であって        消極的           神経質
        サディズム的
```

図中:
- 残忍型 ／ かまいすぎ型
- 支配 ／ 子どもを
- 理想的 ／ 親子関係
- 子どもを拒否 ／ 子どもを保護
- 子どもに服従
- 無視型 ／ 甘やかし型

```
注意をひこうと                               感情安定
する                                         思慮的
おちつきなし                                 興味あり
反社会的                                     親切
冷淡                                         神経質ならず
神経質
(不安・劣等感)

        攻撃的        不従順  無責任        独立的
                      不注意  自信          反抗的
                      乱暴
```

図 11-3　親の養育態度と子どもの性格（宮城, 1985）

応できるようになっていく。したがって，父親と母親は理想的な養育態度を追い求めるだけではなく，自らが子どものモデルとなるような行動を常日ごろからこころがけることが望ましい。家族は子どもがはじめて接する社会集団である。その家族が温かく，やすらぎがあり，落ち着きのある安定したものであれば，子どもは家族以外の新たな社会集団に自信をもって入っていくことができるのである。

📖 読書案内

柏木惠子　2003　家族心理学——社会変動・発達・ジェンダーの視点　東京大学出版会

数井みゆき・遠藤利彦（編）　2005　アタッチメント——生涯にわたる絆　ミネルヴァ書房

桜井茂男　2002　子どものストレス——たくましい子に育てるストレス対処法　大日本図書

12章 ● 現代社会とメディア

エピソード

　知りあいのご夫妻の家には，リビングルームにパソコンが1台置かれている。このご夫妻はIT関連の仕事に就いており，リビングルームがまさに「仕事場」になることもめずらしくない。ご夫妻にはお子さんが1人いて，4歳のK君である。夕食がすむと，お父さんはパソコンに向かって仕事を続けるが，K君もお父さんのひざの上にちょこんと座る。そして，お父さんがパソコンから離れると，楽しそうにキーボードをたたく。

　K君がよく使うお気に入りのソフトは，お絵かきソフトである。今日もそれを使って絵を描いている。だが，お父さんにうかがったところによると，今では，K君はひらがなの入力ができるらしい。ということは，基礎的な文字習得ができているわけである。かつて，早期の読み書き教育が問題にされたが，幼児がコンピュータと交流するなかで，読み書きがある程度できるようになっていることになる。コンピュータにかぎらずとも，メディアの進歩がめざましい今日にあって，それにともなう急激な変化が幼児の発達に果たしてどのような影響をおよぼしているのかについて，われわれは見守っていく必要がある。

> エピソードで紹介したように，コンピュータを中心として，幼児をとりまく情報メディア（以下，メディア）が日ごとに進歩している。このような変化は，幼児にどのような影響をおよぼしているのだろうか。本章では，幼児がメディアとどのように交流しているのかを考えてみたい。1節では，幼児がメディアと交流するための技能とはどのようなものかについて説明する。2節と3節では，幼児の物語経験と家庭生活という観点から，幼児がメディアとどのように交流しているかを明らかにしていきたい。

1節 幼児の情報リテラシー

▶1 幼児とさまざまなメディアの交流

　幼児の生活には，メディアが入り込んでいる。たとえば，テレビアニメに食い入る幼児の姿はよくみかける光景であるし，テレビゲームについてはいつの間にか幼児の中心的な遊びの1つになっている。また，家庭用のビデオカメラが普及してきたことで，簡単に映像をつくることができるようになっている。幼稚園や保育園では先生方がビデオカメラを使って教材を自作したり，園での生活を撮影し卒業式に渡したりすることもあるが，幼児にビデオカメラを持たせて映像をつくらせることもある。そして，いまや幼児の最も近い位置にいる親たちがインターネットや携帯電話を頻繁に使うという日常がある。

　このようにメディアが幼児の生活のなかに入り込んできているわけではあるが，メディアが進歩することと，幼児がそれらと適切に交流していることとは必ずしもイコールではない。むしろ，あまりにも急激な普及のために，幼児の発達が阻害されることがあるかもしれない。したがって，幼児がメディアと適切に交流しているかどうかを見極めることが重要な課題として課せられるのである。というのも，おとなの側の論理でつくられたメディアが幼児にとって必ずしも良いものというわけではないからである。

▶2 情報リテラシーの出現

　これまで,「リテラシー」といえば単に「文字の読み書き能力」を示すことがふつうであった。しかし,最近では,メディアを用いて情報を「読み書き」する能力として改めて注目されつつある（高橋・山本,2002）。このような「新しいリテラシー」は「情報化社会に適応していくための能力」ととらえることができ,これを情報リテラシーと呼ぶことができるだろう。そして,この情報リテラシーは,メディアと人間とが交流するためのスキルとみなすこともできるのである。

　それでは,情報リテラシーはどのようなスキルから構成されているのであろうか。情報リテラシーは,メディアを「わかる力」（理解力）,「つかう力」（利用能力）,「つくる力」（制作力）の3つのスキルからなっている。これに関連していえば,情報化社会の未来には,映像の重要性がいっそう高まると考えられている。だとすれば,映像メディアによる読み書き能力,すなわち,映像リテラシーも大事になってくる（水越,1994）。映像リテラシーは,「映像を読みとる力」「映像を活用する力」「映像を制作する力」で構成される。これら3つの力は,それらが複合して1つの力になっている。

　情報化社会がいっそう進むにともなって,情報リテラシーの重要性は高まることになるが,それでは,幼児の情報リテラシーとはどのようなものであろうか。以下においては,幼児の物語経験と家庭生活という観点から考えてみよう。

2節 物語経験とメディア

▶1 絵本

　幼児の物語経験を豊かなものにするメディアとして,まずは絵本をあげることができるだろう。文字を十分に知らない幼児はことばを読むのではなく絵を読んでいく（西川,2007）。こうした絵本との交流を通じて,幼児は経験したことのない世界を体験できるのである。そのため,幼児は絵本との交流のなか

表 12-1　子どもの興味を示す絵本の内容 (高木, 1987)

	1位	2位	3位
2歳児	生活経験が描かれているもの(16)	動物や車など動くものが登場(15)	繰り返しのあるもの(9)
3歳児	動物や車など動くものが登場(15)	繰り返しのあるもの(13)	生活経験が描かれているもの(12)
4歳児	動物や車など動くものが登場(15)	未知への興味が感じられるもの(11)	繰り返しのあるもの(10)
5歳児	未知への興味が感じられるもの(12)	動物や車など動くものが登場(11)	心情的に感動する話(10)

注)　（　）は20冊中この要素の入っていた冊数

で最も楽しいひと時を過ごすことができる。それでは，幼児はどのようなタイプの絵本を好むのであろうか。高木（1987）によれば，年少から年長へと進むにつれて，絵本の好みに変化が出るらしい（表12-1）。2歳児や3歳児では，「生活経験が描かれた絵本」や「動物や車など動くものが描かれた絵本」を好む。そして，4歳児では，「未知への興味が感じられる絵本」に興味が向かう。さらに，5歳にもなると，「未知への興味が感じられる絵本」が主となり，「心情的にも感動する絵本」へと好みが向かうようになる。

　したがって，年少から年長に進むにつれて，幼児は，未知の世界を描き出すような絵本との交流を望むようになるわけである。また，性差については，男児が図鑑や科学的な絵本を好むのに対して，女児は女の子を主人公にした物語絵本を好むともいわれているが（奈良女子大学文学部附属幼稚園，1976），絵本を見て楽しむという姿には性差はないようである（西川，2007）。

▶2　紙芝居

　幼稚園や保育園の先生方は紙芝居が日本で生まれた独自のメディアであることをあまり知らない。もともと，紙芝居は日本で街頭紙芝居の形で発展し，昭和の初期には社会問題にもなった。その後，少しずつ，教材として用いられるようになり，今では，幼稚園や保育園ではなくてはならない教材になっている。ほとんどの幼稚園は50冊以上の紙芝居を所有しており，100冊以上と答え

た幼稚園も8割に上るという。紙芝居を演じる頻度については，約9割の幼稚園で1週間に1回以上であった（松原，1986）。また，紙芝居が演じられる時間は，幼稚園によって多少のばらつきはあり，食事の前後に演じることもあれば，お帰りの前に演じることもある。もちろん，日課の1つとして演じることもあり，演じる時間や形が定まっていないところに紙芝居の特性がある。

紙芝居は絵本と違って，小集団に向いたメディアであるから，30人程度の幼児ならいっしょに見ることができる。また，演じ手は幼児の反応を見ながら語り，「ぬき」と呼ばれる独自の技法（展開にあわせて画面を引きぬくこと）を使って盛り上げるため，演じ手と幼児とのあいだには自然で深い交流が生まれることになり，これが紙芝居の大きな魅力となっている（右手，1986；山本，1993b）。また，紙芝居には，見るだけの楽しみ以外にも，つくる楽しみもある。幼児に画用紙を配布して，自由にお話をつくらせ，作画させる実践がなされている（松原，1986）。年少ではお話に脈絡がなかったり，思いつきだったりする作画もみられるが，年長になるにつれて，画面につながりが出てくる。このように，紙芝居は，受けとるだけのメディアではなく，それをつくり上げる楽しみを味わうことのできるメディアであり，それを使って実演のできるメディアでもある。

▶3 テレビ

幼児がテレビを視聴している時間は2時間から2時間半ほどである（図12-1）。1998年では2時間43分であったから減少傾向にあるとはいえ（白石，2003；諸藤，2008），それでも依然として長時間におよぶ。やはり幼児はテレビが好きなのである。実際，幼児に「テレビを見るのと本を読んでもらうのとどちらが好きですか」という質問をすると，約8割の5歳児が「テレビ」と回答した（鈴木ほか，1990）。このことは，幼児がテレビを通じた物語の経験を

好んでいることを示す．それでは，幼児が視聴しているテレビ番組にはどのようなものがあるのか．視聴率の高い番組を上位10位までみてみよう．このなかに入る「サザエさん」「ちびまる子ちゃん」「ドラえもん」は10年間でみても常に上位3位を占めている．また，夕方7時台が幼児に特徴的な時間帯であるとされているが，「ドラえもん」がこの時間帯に入っている（表12-2）．このように，幼児の物語経験はアニメが主要な情報源になっている．

それでは，幼児はテレビをどのように理解しているのであろうか．幼児は，年少児から年長児へと発達するにともなって，テレビ画面をよく注視するようになる（内田，1982）．ただし，注視するとはいっても，内容の理解とは必ずしも結びついてはいないようである．たしかに，3歳児や4歳児では注視度が高いと理解度も高かったが，5歳児になると，必ずしも注視度と理解度とは強くは結びつかない．この年齢になると，画面を見続けなくても，「ながら視聴」で内容が理解できるのである．

「ながら視聴」によって，内容の理解ができるためには，どのような技能が関係しているのだろうか．テレビ映像にはたくさんの映像技法が取り入れられている．たとえば，「コラム」に示すように，あるショットから次のショットへと移り変

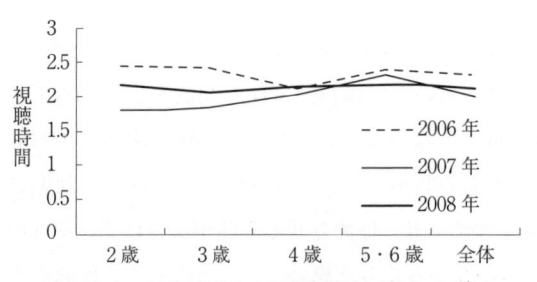

図12-1　幼児のテレビ視聴時間 （諸藤，2008）

表12-2　幼児がよく見ている番組 （諸藤，2008）

曜日	放送時間	局	番組名	視聴率(%)
日	後6:30	フジ	サザエさん	41.3
日	後6:00	フジ	ちびまる子ちゃん	37.4
金	後7:00	朝日	ドラえもん	33.0
月	前8:15	教育	いないいないばあっ！#	31.9
金	後7:30	朝日	クレヨンしんちゃん	30.1
水	前8:00	教育	にほんごであそぼ #	28.0
日	前7:30	朝日	炎神戦隊ゴーオンジャー	23.7
月	前8:35	教育	おかあさんといっしょ #	23.6
月	後5:30	教育	アニメぜんまいざむらい #	23.6
月	後5:40	教育	味楽る！ミミカ　#	22.5

注）＃は帯番組で最も視聴率が高い曜日の数値

図 12-2　カット技法の例

追記）『映像メディアのつくり方』（別冊宝島, pp.103-105）をもとに, 山本（1993b）が作成

わるときに使われるカット技法は最も一般的である（図12-2）。ここでカット技法に紛れて見逃されがちだが，エスタブリッシング・ショットは重要である。これは，場面の変わり目を知らせる「合図」となる静止画である。幼児で視聴率の高いアニメでは，これが多く取り入れられているため，「ながら視聴」でも視聴を再開できる（山本, 2000）。カット技法やエスタブリッシング・ショットの他にも，パン（カメラを水平に移動しながら撮影する技法）やズームなどさまざまな映像技法が幼児の理解と深くかかわっている（青山, 2002）。しかし，テレビからの物語経験とはいっても，さまざまな出来事についての経験や，共同視聴者としてのおとなの役割がその基礎に欠かせないことはいうまでもなく，テレビを見せておけば自然と身につくわけではない。

3節　家庭生活とメディア

▶ 1　ビデオとテレビゲーム

まずビデオについてである。ほとんど毎日ビデオを見ている幼児は，3歳児で15％，4歳児や5歳児では10％であった（鈴木ら, 1990）。また，3歳になれば，自分でビデオの操作ができるようになり，家庭で録画したテレビ番組を

視聴するようになる（小平，1988；1989）。5歳児や6歳児では，半数以上の幼児がビデオの操作ができるようになり，借りてきたビデオを視聴するようにもなる。最近は幼児向けのビデオソフトが充実しているため，このような傾向はさらに進んでいるようである。それでは，ビデオ録画についてはどうか。3歳から4歳ごろにかけて録画を母親に頼む回数が急増するといわれている（小平，1988；1989）。ビデオは，テレビとは違って放映時間に縛られることはないから，自分のペースで視聴を楽しむことができる。そのため，幼児は好きなビデオであれば，好きなときに積極的に視聴する。このことは，自分の好みが定まってくることとも深く関係しているようである。

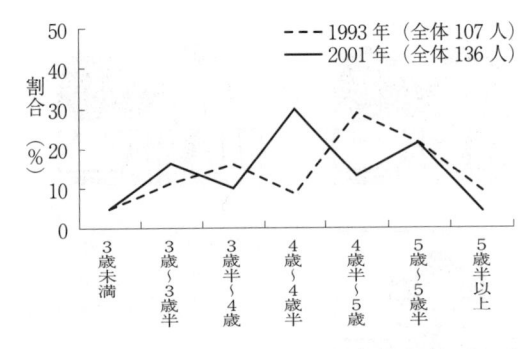

図12-3　テレビゲームをはじめた年齢（白石，2003）

次に，メディアとの積極的な交流ということになれば，ビデオ以上にテレビゲームということになる。すでに，テレビゲームは幼児の遊びとして根づいており，図12-3でみるように，「3歳未満」で使いはじめる幼児が出ており，「4歳〜4歳半」という幼児の割合が2001年では最も多くなっている。週平均1日あたりの利用時間をみると10分であるが，男児が15分と女児よりも利用時間が長い（白石，2003）。これは，仲間と遊ぶことの楽しさにも関係があるのかも知れない。しかし，テレビゲームに加熱するあまり，「外遊びをしなくなる」ことになりはしないかと不安を抱く親たちも多い。また，テレビゲームで「遊ぶ」とはいっても，格闘や殺人が擬似的にせよ行われることになると，そうした経験がもたらす悪影響も気がかりなところである。

▶ 2　コンピュータなど

これまで述べてきたように，幼児はさまざまなメディアと交流している。し

コラム 12

カット技法とテレビ視聴

　映像にはたくさんの映像技法が取り入れられている。そのなかで最も基礎的なものがカット技法である。カット技法の定義はいくつか示されている。たとえば、モナコ（1983）は、出来事の要素を伝達するためにたくさんのショットを使って、情報を伝える技法としている。ちなみに、ショットとはカメラが連続的に映す映像の流れである。また、カット技法を場面の移行についての技術であるととらえることもできる。たとえば、映画『2001年宇宙の旅』では、サルの場面から、突然、宇宙ステーションの場面へと切り替わる。これらの定義の共通点を汲めば、カット技法は「映像の一部を寸断することにより映像に不連続な途切れをもたらす人工的な技法」となろう。

　それでは、テレビ番組において、カット技法はどのように取り入れられているのであろうか。山本（1993a）では、テレビアニメを中心にしてテレビ番組に取り入れられているカット技法の実態を明らかにした。3つの調査から、まず、出現頻度について、アニメで平均すると1分間に14回前後であることが示されている（下図）。また、カット技法の出現頻度は番組ジャンルによっても異なり、アニメで多かった。次に、幼児の視聴率との関係についても検討した。結果をみると、視聴率の高い「ヒーロー・SFもの」のアニメは、最も多くのカット技法を取り入れていた。この種のアニメの場合、視聴者の大部分は男児が占めているから、男児はカット技法を多用したアニメを視聴しているということができる。この背景には、カット技法が幼児の注視を導くなど内容の理解にとって重要な役割を果たしていることがある（山本、1993a・b・c）。

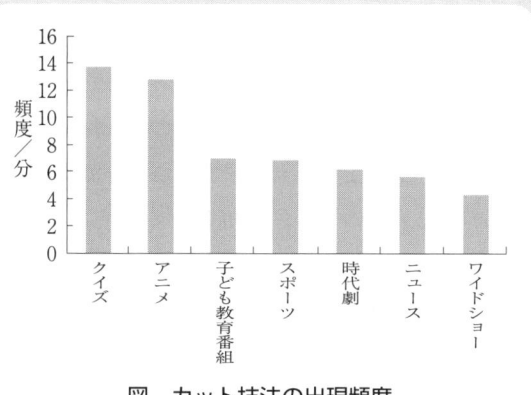

図　カット技法の出現頻度

かし，それらとの交流は受動的になるきらいがあるが，コンピュータとの交流は能動的である。たとえば，幼児は，ワープロソフトや描画用のソフトを活用することで，自分の好きなものを表現し，楽しむことができる。このような能動性は絵本やテレビというメディアにはなかったものである。さらに，インターネットを活用して世界中の情報を集めることも不可能ではない。それでは，幼児がコンピュータと交流する際に，問題となる点はないのであろうか。ここでは本質的な問題として，コンピュータとの対話不全をあげておきたい。コンピュータは「知性」をもつから，幼児との交流は対話になぞらえることができる。つまり，知性をもった幼児と「知性」をもったコンピュータとの対話である。しかし，コンピュータがもつ独特のルール（手順など）が対話を阻害する。このように，対話に問題を抱えた状況で，取扱説明書を活用できない幼児がコンピュータと交流するのであるから，誤使用・誤動作をはじめとしたさまざまな問題を生じさせることが予想される。今後も引き続き，どのような問題が生じてくるのかについて，目を凝らしておかねばならないだろう。

　コンピュータが抱える問題を指摘したが，とはいっても，あらゆるメディアが「コンピュータ化」されていることを忘れてはならない。コンピュータといえばキーボードやプリンターを連想しがちであるが，携帯電話にみるように，最近のメディアは「コンピュータ化」されている。とすれば，遠回りになるが基本に戻って，幼児とコンピュータの対話をつぶさに検討することは，あらゆるメディアと幼児との友好な関係を考えるための糸口を与えてくれるともいえる。これからさらに進む情報化社会の主役は，進化を遂げ続けるメディアなのではなくて，あくまでも人間にあることを深く肝に銘じながら，われわれに課せられている課題の大きさを知らねばならない。

読書案内

坂元　章（編）　2003　メディアと人間の発達——テレビ，テレビゲーム，インターネット，そしてロボットの心理的影響　学文社
高橋秀明・山本博樹（編）　2002　メディア心理学入門　学文社
無藤　隆　1987　テレビと子どもの発達　東京大学出版会
村野井　均　2002　子どもの発達とテレビ　かもがわ出版

13章 ● 発達のつまずき

エピソード
　2歳の誕生日を迎えたAちゃんのお母さんが，ことばの遅れを気にして相談所に来談された。「近所のお友だちは，もうみんないろんなことをお話しているのに，この子はまだ単語しかしゃべらないのです……」。さっそくAちゃんに会い，「こんにちは，Aちゃん！」と呼びかけると，「はい」というはっきりした返事が返ってきた。プレイルームで遊びに誘うと，果物のミニチュアを本物に見立てて食べるまねをしたり，お皿にごちそうを並べてお人形に食べさせるなど，簡単なごっこ遊びも楽しめた。「お母さん，Aちゃんはきちんとこちらの言うことを理解していますから，受け応えをしっかりしていくなかで，ことばは確実に増えていきますよ」と伝えると，お母さんはとても安心された。そしてその後まもなくAちゃんは2語文をしゃべり出している。
　一方，同年齢のB君のお母さんは，「男の子はことばが遅いといいますし，この子の兄も遅かったので，そのうち話すようになると思います」と，ことばの遅れを気にしていない様子である。しかし声かけにも応じることなく，1人で走り回っているB君の姿に相談員のほうが心配になり，専門医への受診を勧めたところ，自閉症との診断を受け，専門機関で療育を受けることとなった。

ことばの遅れとひと言でいっても，子どもの姿や親の受けとめ方もさまざまである。ここに乳幼児期における発達のつまずきに対する正しい認識の重要性が浮かび上がってくる。

「発達の遅れ」「障害児」ということばを聞くと，ハンディキャップだけが前面に打ち出され，発達の遅れをもつ子や障害児はふつうの子と全く違った発達を示すかのように受け取られがちだが，それは誤りである。障害児も発達の遅れをもった子どもも，みんな他の子どもと同じような発達の道筋をたどり，成長していく。

そこで本章では，発達障害や発達のつまずきについて正しく理解し，学びを深めてもらうために，1節では発達障害についての概論を述べ，2節では乳幼児期の相談で多数を占める「ことばの遅れ」や「吃音」「緘黙」について取り上げる。そして3節では「母子分離不安からの登園拒否」の事例をあげながら，母子関係のつまずきについて解説する。

1節 発達障害とは

発達障害の定義は，医学や心理学の分野でさまざまな見解があり明確に定まっていないが，わが国では，発達障害者支援法（2005）において，「自閉症，アスペルガー障害その他の広汎性発達障害，学習障害，注意欠陥/多動性障害その他これに類する脳機能の障害であってその症状が通常低年齢において発現するものとして政令で定めるもの」とされている。一方医学の分野では世界保健機関（WHO）の国際疾患分類であるICD-10とアメリカ精神医学会の診断マニュアル（DSM-Ⅳ）が広く用いられており，図13-1のような分類でとらえられている。

①の精神遅滞とは国際診断基準の1つであるDSM-Ⅳの定義では，「明らかに平均以下の全般的知的機能と，コミュニケーション，自己管理，家庭生活，社会的/対人的技能，地域社会資源の利用，自律性，発揮される学習能力，仕事，余暇，健康，安全のうち2つ以上の領域での適応機能の不全が同時に存在し，18歳未満の発症」とされている。すなわち，知的な能力に障害があるこ

とだけでなく，社会生活を営むうえでの制限があり，それが発達期（18歳未満）にあらわれたものという3要件が同時に存在することを意味している。全般的知的機能の判定には，知能検査によって算出された知能指数（IQ）が用いられ，IQレベルと社会適応状態により，軽度・中度・重度・最重度に分類される（表13-1）。

②の広汎性発達障害は，社会性の発達の遅れを中心とする発達障害の総称であり，広い領域にわたる不均一な遅れを示す。国際的な診断基準DSM-Ⅳにおいては，表13-2に示すような障害が下位概念として位

発達障害
- ①精神遅滞
  - 軽度精神遅滞
  - 中度精神遅滞
  - 重度精神遅滞
  - 最重度精神遅滞
- ②広汎性発達障害
  - 自閉症
  - 非定型的広汎性発達障害
- ③特異性発達障害
  - ことばと言語の発達障害
    - 構音障害
    - 受容性言語障害
    - 表出性言語障害
  - 学習障害
    - 読字障害
    - 書字障害
    - 計算障害
  - 運動能力障害
- ④注意欠陥/多動性障害
- その他の発達障害

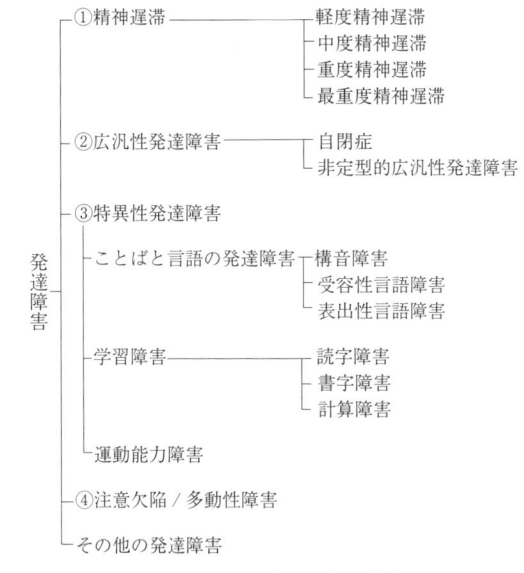

図13-1　発達障害の分類
（ICD-10やDSM-Ⅳをもとに作成）

表13-1　精神遅滞の類型
（DSM-Ⅳなどより作成）

精神遅滞のレベル	IQレベル	社会適応状態
軽度精神遅滞	50～55からおおよそ70	・日常生活には困らない程度に自立 ・基礎的な学業技能の習得は可能 ・抽象的思考は可能
中度精神遅滞	35～40から50～55	・他者の援助を受けながら，身辺自立・社会的技能・単純作業の習得は可能
重度精神遅滞	20～25から35～40	・継続的なきめ細かい介助を要する
最重度精神遅滞	20～25以下	・他の機能障害を併合している場合が多く，生涯にわたってきめ細かい介助を要する

表 13-2　広汎性発達障害の分類（杉山，2005，一部加筆）

診断名		症状の特徴	発達障害のレベル
自閉症スペクトラム	自閉症	社会性，コミュニケーション，想像力の障害をもっている	知的障害の重いものから知的障害のないもの（高機能自閉症）まで
	アスペルガー障害	社会性の障害と想像力の障害のみのグループ	知的障害なし
	非定型自閉症	診断基準にあてはまらない主として軽いグループ	軽度の知的障害から正常知能
レット症候群		0歳にて発症，足の硬直や手もみ行動，すべて女児	最重度の知的障害
小児期崩壊性障害		幼児期に発症，ことばの消失と発達の退行を示す	重度の知的障害

置づけられており，以下の3項目の行動特徴のいくつかが3歳以前に発現していると自閉症と診断される。しかしこれらの行動特徴は，人によってあらわれ方が異なっていたり，成長とともに薄らいでいったりすることもある。

(1) 社会性の障害　名前を呼んでもなかなか注意を向けない。1人で遊んでいることが多く，友だちをつくることにあまり興味を示さない。表情や身ぶりから相手の気持ちを読みとるのが困難である。視線や接近を回避する。他者の気持ちに共感しにくい。

(2) コミュニケーションの障害　ことばの理解や表現の甚だしい遅れがある。ジェスチャーによる意思伝達も苦手である。エコラリア（オウム返し）が目立つ。一方的に話す。

(3) 行動，興味，活動の限定された反復的で常同的な様式　手を目の前でひらひらさせるなどの常同行動がある。ミニカーの一列並べなど物を規則的に並べる。数字や道順など特定なものに対する高い記憶力がある。独特な手順や様式が決まっており，変更すると怒る。

これらの自閉症の症状と特徴は，軽度から重度まで幅広く，そのあいだにははっきりした境界がなく連続していることから，自閉症やアスペルガー障害な

ど自閉的な特徴を示すこれらの一群を自閉症スペクトラム（連続体）とも呼んでいる。

自閉症のうち，知的発達の遅れがない（IQ>70）場合を高機能自閉症という。高機能自閉症は，実質的な生活上の困難さが軽度という意味ではなく，3項目の行動特徴は明らかに存在しており，相手の気持ちや意図を察したり，状況に合わせて行動することが苦手である。高機能自閉症は，知的発達の遅れがないために発達障害とは気づかれにくく，周囲からの理解が得られにくい障害の1つともいえる。

自閉症を含めた広汎性発達障害の有病率は，1万人に約100人（英国自閉症協会は0.91％，1997年）で，男女比は3～4対1で男児に多い。原因は脳の機能障害によるのもと考えられており，決して親の養育態度や生育環境によるものではない。治療については広汎性発達障害自体を治療し得る薬は存在せず，早期からの適切な訓練や療育を通じて，発達の土壌を耕す取り組みが成果を上げている。教育的支援においては，自閉症の特徴をしっかり把握し，環境を整え，指示を明確にし，彼らが混乱せず安心して過ごせるような配慮が望まれる。

③の特異性発達障害とは，全般性発達障害（①の精神遅滞をさす）に対するものであり，ある特定の能力だけに障害が認められるものをいう。近年クローズアップされてきているLD（学習障害）は，知的発達は正常であるにもかかわらず，読む，書く，計算するなどの特定の能力を身につけることが困難な状態をさす。原因は中枢神経系の機能障害によるものであり，生まれつきの障害である。LD児は怠けているのではなく，精一杯努力していてもうまく学習ができず困っている子どもたちである。従って教育支援においては，苦手な点を練習させるだけでなく，得意な分野を見つけそこを伸ばしていけるよう，1人ひとりのニーズに合わせた対応をしていくことが大切である。

④の注意欠陥/多動性障害（ADHD）の基本症状は，不注意，多動性，衝動性の3つであり（表13-3），日常生活のなかでこうした症状が顕著にみられるかどうかで診断される。原因は，ドーパミン（神経伝達物質）のはたらきの異常にあるといわれている。ドーパミンとは，私たちが精神活動をする際，他

表 13-3 ADHD の診断基準（DSM-Ⅳをもとに作成）

A	(1)か(2)のどちらか
	(1)以下の不注意の症状のうち6つ（またはそれ以上）が少なくとも6カ月間持続したことがあり，その程度は不適応的で，発達水準に相応しないもの
	<ul><li>不注意</li></ul>　(a) 学業，仕事，その他の活動において，しばしば綿密に注意することができない，または不注意な間違いをする (b) 課題または遊びの活動で注意を持続することがしばしば困難である (c) 直接話しかけられたときにしばしば聞いていないようにみえる (d) しばしば指示に従えず，学業，用事，または職場での義務をやり遂げることができない（反抗的な行動，または指示を理解できないためではなく） (e) 課題や活動を順序立てることがしばしば困難である (f) （学業や宿題のような）精神的努力の持続を要する課題に従事することをしばしば避ける，嫌う，またはいやいや行う (g) 課題や活動に必要なもの（例：おもちゃ，学校の宿題，鉛筆，本，または道具）をしばしばなくしてしまう (h) しばしば外からの刺激によって気が散ってしまう (i) しばしば日々の活動で忘れっぽい
	(2)以下の多動性―衝動性の症状のうち6つ（またはそれ以上）が少なくとも6カ月間持続したことがあり，その程度は不適応的で，発達水準に相応しないもの
	多動性　(a) しばしば手足をそわそわと動かし，またはいすの上でもじもじする (b) しばしば教室や，その他，座っていることを要求される状況で席を離れる (c) しばしば，不適切な状況で，余計に走り回ったり高い所へ上ったりする（青年または成人では落ち着かない感じの自覚のみに限られるかもしれない） (d) しばしば静かに遊んだり余暇活動につくことができない (e) しばしば"じっとしていない"，またはまるで"エンジンで動かされるように"行動する (f) しばしばしゃべりすぎる
	衝動性　(g) しばしば質問が終わる前に出し抜けに答えはじめてしまう (h) しばしば順番を待つことが困難である (i) しばしば他人を妨害し，邪魔する（例：会話やゲームに干渉する）
B	多動性―衝動性または不注意の症状のいくつかが7歳未満に存在し，障害を引き起こしている
C	これらの症状による障害が2つ以上の状況（例：学校〔または職場〕と家庭）において存在する
D	社会的，学業的，または職業的機能において，臨床的に著しい障害が存在するという明確な証拠が存在しなければならない
E	その症状は広汎性発達障害，統合失調症，または他の精神疾患（例：気分障害，不安障害，解離性障害，またはパーソナリティ障害）ではうまく説明されない

の感覚刺激を抑制して1つのことに集中できるよう調整するホルモンであり，ADHDの子どもたちはこのドーパミンのはたらきが弱い。そのため，周囲のさまざまな刺激に反応してしまったり注意が散漫になってしまうのであり，決して本人の努力不足や親のしつけが原因ではない。しかし日常生活においては，気が散りやすく動きも激しいので，叱責(しっせき)を受けることが多く，自己肯定感が低くなるという二次障害を招きやすい。彼らとのあいだに基本的信頼関係を築き，メリハリの利いた対応をこころがけ，自信をもたせ自己肯定感を養うような教育的支援がのぞまれる。

　以上，発達障害の主なものをみてきたが，スピードの差はあれ，障害をもった子どももみんな着実に発達していく。それぞれの発達段階に応じた発達課題を1つずつ遂行していくという点では，障害をもった子どもも健常児も同じである。

　障害をもった子どもたちの教育は「特殊教育」から「特別支援教育」に代わり，教育内容も大きく変化しようとしている。文部科学省は「今後の特別支援教育の在り方について（最終報告）」(2003) のなかで，「特別支援教育とは，従来の特殊教育の対象の障害だけでなく，LD，ADHD，高機能自閉症も含めて障害のある児童生徒の自立や社会参加に向けて，その一人ひとりの教育的ニーズを把握して，そのもてる力を高め，生活や学習上の困難を改善または克服するために，適切な教育や指導を通じて必要な支援を行うものである」と示している。すなわち，本章で取り上げてきた子どもたちにも1人ひとりに応じた特別な支援が行われるようになってきたのである。今後さらに，家族支援も含めライフサイクルすべてを念頭に置いた支援体制の確立が求められる。

2節　ことばのつまずき

▶ 1　ことばの遅れ

　発達初期の健康診査，特に1歳半健康診査で精密検査を勧められたり，要観

表 13-4　ことばの遅れをもたらす要因（浅見ほか，1980）

1. 子どもの側——身体的，心理的に言語獲得を阻害する要因
   (1)発育不良　(2)大脳中枢神経の障害　(3)知能障害　(4)聴力障害
   (5)発声，口腔器官の異常（声帯，口唇，舌などの麻痺，奇型，口唇裂，口蓋裂）
   (6)情緒障害　(7)小児精神病　(8)依存的，内気，用心深い性格，反抗的性格
   (9)双生児で2人だけで遊ぶことが多く，ことばを使わなければならないような状況に置かれることが少ない場合

2. 環境——子どもの言語習得を援助するのに影響を与える要因
   (1)母親や家族の健康状態が悪い場合，情緒不安定な場合
   (2)家庭内の人間関係がうまくいかない場合
   (3)口数が少ない家族，またはしゃべりすぎの場合
   (4)過保護で母親が先どりしてやってしまう場合
   (5)母親の性格，習慣，仕事などのために，子どもに話しかける機会が少ない場合
   (6)母親の育児知識の欠如：テレビに子守をさせたり，話しかけが少なかったりする場合

察児として保健師がフォローする対象となる子どもには，ことばの遅れを主訴とするものが多い。また，ことばの遅れは母親にとっても，自分の子どもの発達と同年齢の他児の発達とを比較するのにいちばんわかりやすい指標であるため，幼児期の発達相談のなかでも多数を占めている。そのことばの遅れがどのような原因で生ずるのかを表13-4に示した。

　ことばは人と人とのあいだのコミュニケーション手段として重要なものであり，ことばが出現するまでのプロセスには，母親と子どもとのあいだに十分な基本的信頼関係が成立していることが必要条件となる。したがって乳児に対して全く話しかけが行われない環境では当然良好な言語発達は望めない。

　このようにことばのつまずきの問題に関しては，単に障害の有無という観点やことばそのものの問題としてだけではなく，子どもをとりまく環境や経験，特に母親の子どもに対するかかわり方も大きな影響を与えている。

　次の「2　吃音」と「3　緘黙」では，親の子どもへのかかわり方が原因でことばのつまずきを示している例をあげる。

▶2　吃音

　吃音とはことばのはじめの音が出にくい，音が引き延ばされる，音や音節が繰り返されるなどの話しことばのリズムの異常をいう。発症時期については，図13-2に示されているように2～3歳に初発時期の1つのピークがあるといわれているが，これはことばの発達とおおいに関係している。この時期は人生のうちでことばが最も急激に増加する時期であり，頭にはたくさんのことばが詰まっている。また経験の範囲も広がり，昨日や明日のこと，目の前にないことなどしゃべりたいことが次々と出てくる。そんな状況でことばを選び，語と語のつなぎ方も考えて話をしなくてはならないのであるが，助詞を使ってうまくつなぎあわせたり，明瞭に発音したりする能力がまだ十分に育っていないため，「エートネー」「アノアノ……」など同じことばを繰り返したり，つまったりしてしまうのである。この「繰り返し・引き延ばし・つまる現象」は，いわば将来流暢に話すための練習であり，本人は非流暢性のことなど意識していないのであるが，母親はこの話し方を「変だ」と気にしてしまう。親の心配な気持ちから，子どもがちょっとでもつまったしゃべり方をすると「もっとゆっくり話しなさい」と注意しはじめる。これが繰り返されているうちに，子ども自身も自分の話し方を気にするようになり，話すたびに不安になり緊張が高まる。緊張するとますますつまってしまい，母親の注意も増える……。こんな悪循環が「非流暢現象」を「吃音」にしてしまうのである。

　このようにみてくると，吃音の発生と母親の対応とは関係があるといえる。そこで吃音の治療・指導にお

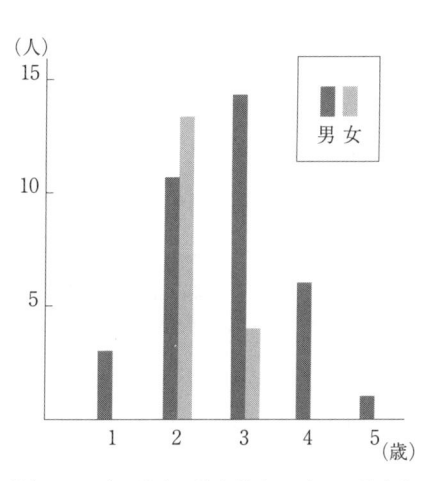

注）2, 3歳の発症が最も多く，2歳では男女差はない。

図13-2　吃音の発症時期
（田中，1980）

いては，子どもに対する直接的なことばの訓練だけでなく，母親に対する指導も並行して行われている。親やまわりの者は「非流暢現象」を過敏に意識し，いらいらする態度を示さないこと，吃音を意識させないよう配慮すること，話すことが楽しく，話すことによって情緒的な満足が得られるような環境を整えていくことが大切である。

▶3 緘黙

　広義にはことばを発しない状態をいう。幼稚園場面で多くみられるのは心因性の緘黙であり，家では元気に話しているのに，園では口をきかなくなるというように場面を選択して無言となるので，「場面緘黙」とも呼ばれる。軽度の場合は園以外の場ならふつうに話すが，重度になると家庭内でも他人がいるとしゃべらなくなってしまう。さらに重度になると無言だけでなく，からだの硬直・緊張をともない，動作も止まってしまう。

　場面緘黙の発生率は，深谷ら（1970）の調査によると幼稚園児で0.5％程度で，学年が上がるにつれてしだいに減少すると報告されている。また河井ら（1994）は1000人に対して2，3人の割合で存在すると推定している。

　緘黙は他人に対する過度の不安や緊張から生ずる状態で，家庭環境，母子関係，親の養育態度，それにその子ども自身の内向的・過敏といった性格の集約的なあらわれである。したがってその指導・治療にあたっては，緘黙症状だけにとらわれず，その子の環境や母子関係の調整，不安の除去，社会化の援助など多面的，長期的な取り組みが必要である。具体的には以下のような方法があげられる。

(1) 何よりも，子どもはしゃべらされることに対して不安と恐怖を抱いていることを理解しておくことが大切である。保育園・幼稚園の保育者は「これは何？」「どうしたの？」など，返事を求めるような聞き方は避け，「このおかず，おいしいね」「Aちゃんは○○したいんだよね」というように，その子どもの気持ちを代弁するような表現をこころがける。さりげなく目立たない対応が望ましい。

コラム13　発達障害児の動作語の獲得

　語彙の発達は，自己の基本的欲求をもとにしたものから日常生活に身近な事物へ，また粗大運動から微細運動へと心身の発達にそって進展する傾向があり，その習得には，実際の生活経験が重要な役割を果たすと考えられている。さて，発達障害児のうち，特に肢体不自由児は動作語の獲得が遅いといわれているが，それはやはり上肢や下肢のコントロールが困難で，動作経験に乏しいためであろうか。

　飯高ら（1990）の調査によると，健常児において比較的早期に獲得する「折る」が，肢体不自由児の場合いちばん困難な語であるという。その他「切る」「吹く」「並べる」「つまむ」「ちぎる」などのことばも同様であり，身体の機能の不自由さ（経験不足）と動作語習得とのあいだには相関がみられている。しかし，「跳ぶ」「登る」「着る」「蹴る」など粗大運動の動作語においては，日常生活のなかで観察学習されているため経験がなくても習得されている。

　これらの結果から，動作語の習得には経験がなくても獲得できる語もあるが，やはり動作経験が大切であることが示唆されている。別の見方をすれば，肢体不自由児であっても，観察も含め，いろいろな機会を使って学習を積み重ねるなかで，動作語の習得も可能であるといえる。

(2) 保育者との1対1の関係の形成に努め，保育者を安全基地とし，徐々に仲良しの友だちへと人間関係を広げていく。しゃべらなくても自分を表現し，楽しく遊べるようになれば症状は改善に向かっているといえる。

(3) そのうち治るだろうと放っておかず，早期に相談機関へかかることが望ましい。そこでは，母親に対してはカウンセリング，子どもに対しては自由な遊びをとおしてこころの動きを豊かにさせる遊戯療法が行われることが多い。個別の遊戯療法のなかで対人関係で引き起こされる不安が減じてきたら，集団遊戯療法を併用させ，子どもどうしの社会的関係を経験させ

ていくことも良い効果が期待できる。

緘黙に対しては，気長に長期的計画をもって対処していくことが大切である。

3節 登園拒否——母子分離不安が強くて登園できないC君

年長クラスに通っているC君は二学期から登園をしぶりはじめた。はじめのうちは「気持ち悪い」とのC君の訴えから，風邪の兆候かと思い幼稚園を休ませていたが，午後になると元気になり明日は幼稚園へ行くという。母親は「〇〇を買ってあげるから」と言って連れていったり，時にはいやがるC君を無理に引っ張って登園させたりもしていた。しかし登園してもなかなか母親から離れられず，しばらくのあいだ，母親もいっしょに園での活動につきそうという形をとっていたが，結局9月半ばより登園できなくなり，10月から心理療法を受けることになった。

母親は登園拒否の理由を「年長になり，それまで仲良しだったお友だちとのクラスが別々になってしまったうえ，担任の先生の性格がきつく，この子の気持ちを受け入れてくれないためである」と話していたが，C君は強い母子分離不安を抱えており，それまでの母子関係が大きな影響を与えているといえる。

C君の母親はPTA代表や婦人会の役員を引き受け，多忙な人である。夏には盆踊りの打ちあわせのため，夜の会合への出席がたび重なり，それをきっかけにC君のこころには「ぼくが知らないうちに，お母さんはどこかへ行ってしまう」という母子分離不安が生じてしまったらしい。C君は自宅のなかでも母親の姿を追い，一時も離れられなくなってしまったのである。

C君のケースのように，母子分離不安が原因して登園拒否を起こしている例は少なくない。分離不安は乳児期からの母子関係のズレから生じるものである。母親が子どものサインを無視したり，不適切なやり方で反応したりしていると，子どもは母親を最も信頼できる保護者とみなすことができず，さらに母親に対して何を期待してよいのかわからず，それが不安の原因となってしまうのである。

母親に対する愛着と不安との関係を示したものとして、ハーロウ（1979）の赤毛ザルの実験があげられる。親への安定した愛着が成立した子ザルは、冒険的な行動をとり、一方母親への安定した愛着形成がなされなかった子ザルは不安が強く、新奇なものに対して恐怖感を抱いてしまう。探索行動のためには「安全基地」が必要であり、私たちヒトの場合にはその安全基地は「母親」そのものなのである。子どもの発達にとって大切なのは、こころの栄養、すなわち母親の愛情であり、母親とのあいだに安定した愛着を形成した子どもは自ら元気に登園するようになる。

　一般に、登園拒否に対する対応としては、登園することのみにこだわるのではなく、何が原因しているのかを考え、そのときの子どもの状態をしっかり受けとめていくことが必要である。多くの場合、C君のように母子分離不安や、その子自身の社会性の欠如が原因として考えられる。愛着の発達のプロセスを踏み直し、社会性を身につけるために、家族全員が本人の自立について温かく見守り、励ましていくことが大切である。

読書案内

本城秀次　1996　今日の児童精神科治療　金剛出版
野田雅子　1992　乳幼児のことば──その発達と障害の指導　大日本図書
発達障害者支援法ガイドブック編集委員会　2005　発達障害者支援法ガイドブック　河出書房新社

14章 ● 発達の理論

エピソード

　保育科短大生を対象にした教育心理学の授業で，学習理論について講義した際，オペラント条件づけの応用であるプログラム学習と保育実践とを結びつけて考える機会を設けた。学生たちは，保育所・幼稚園実習で経験した乳幼児の遊びと保育者の援助をプログラム学習の5つの基本原理から考え，いろいろな例をあげた。

　ある学生は，一輪車に乗る練習を保育者が援助する活動の観察例を取り上げていた。一輪車を園庭に持ち出し，支え棒のところにいる女児を保育者は認め，支え棒を女児に持たせ，支えながらサドルに座らせた。その後，長い期間をかけてゆっくりと，1人で乗れるようになるという目標に向かい，段階的に援助をしていった（スモールステップの原理）。その間，常に，この女児が自ら取り組もうとしているか（積極的反応の原理），無理のないペースで進んでいるか（自己ペースの原理），さらに，女児の取り組み状況と保育者のはたらきかけが適切かどうか（学習者検証の原理）について，保育者は配慮していることがうかがえた。また，女児の努力や進歩を，必ず即ほめて，励ますことばかけ（即時フィードバックの原理）をしていた。

　とかく保育実践と直結しないと考え，発達理論の理解は後回しになる傾向があるが，理論を学び，保育実践と結びつけ，子ども理解を深めていってほしいものである。

人間の乳幼児期はさまざまな側面でめざましい変化を遂げる時期である。われわれはしばらく会わなかった乳幼児の成長に目を見張ったり，同年齢の子どもたちを比較し，その個人差に驚いたりすることがしばしばある。日常生活では1人ひとりの子どもに興味をもち，その子どもの変化に注目し，理解しようとする場合も多い。乳幼児を理解しようとする場合に基本的に大切なものが発達理論についての知識であると思われる。発達理論を知ることは，幅広い，柔軟な視点で子どもを理解することにつながるのである。

　そこで，本章では1節において発達の定義，および発達を規定する遺伝と環境要因について説明する。2節から4節ではこれまでの子ども観に影響をおよぼした代表的な発達理論として，精神分析の発達理論，認知発達理論，学習理論を取り上げて説明する。

1節　人間の発達と遺伝・環境

▶1　人間の発達

　発達は「受精から死に至るまでの時間経過のなかで，個体の生理的，身体的，精神的側面の構造，機能に生ずる量的，質的変化およびその過程」と定義できる。かつては発達を誕生から青年期までの上昇的，発展的な変化ととらえていたが，人間の寿命が延び，壮年期，老年期の意味づけが問い直されるようになり，発達のとらえ方も変化してきた。成人期以降も経験の蓄積により変化がおおいに期待できる時期であるとみなすようになってきたのである。人間は生涯をとおし，適応約，統合的方向に変化し続ける存在なのである。ゆえに，現在の発達心理学は生涯発達心理学であるといえる。めざましい変化を遂げ，基礎が築かれる乳幼児期の発達に焦点をあてる場合も，生涯発達の視点をもつべきである。

▶2　遺伝と環境

　発達を規定する遺伝要因と環境要因の関係についての論争は，心理学の歴史のなかで長いあいだ続けられてきた。遺伝は成熟と，環境は学習と密接な関係

にある（1章）。成熟とは生得的に組み込まれたプログラムが，時間の経過にともないあらわれてくることをさし，学習とは生後の経験により比較的持続的に行動が変化することをさす。この遺伝と環境，成熟と学習に関する考え方がどのように変遷してきたか，これまでの論点をまとめる（図14-1）。

　発達は主に遺伝的，生得的なプログラムが一定の順序で展開していくものとする，遺伝重視，成熟重視の考え方があった（図14-1の①）。古くはゴダートのカリカック（仮名）家の家系調査や，ゴールトンの天才音楽家バッハの家系調査等，いわゆる家系研究により，遺伝要因の重要性が主張された。また発達心理学に大きな足跡を残したゲゼルは双生児研究法を用い，成熟を重視する立場を明確にした。彼は，生後46週の一卵性双生児の一方に6週間の階段登りの訓練を行い，もう一方にはその間，訓練をしない条件で両者を比較した。すると，訓練直後，訓練を受けた子どものほうが訓練を受けなかった子どもより速く階段を登ることができた。しかし，その後，はじめに訓練を受けなかった子どもに2週間訓練をすると，すぐに追いつき，追い越してしまった。彼はこの結果から，発達には訓練（学習）より成熟の果たす役割のほうが重要であり，レディネス（個体の内的準備状態）が整わないと学習は効果的に生じないことを強調した。ゲゼルは，「環境は，行動の起こる機会，強さ，行動の各面の関係などを決めるものであるが，しかし，行動の発達の基礎的な経過そのものを起こすことはしない。行動発達の基礎は，内的な成熟の機制によって規定されるのである」（ゲゼル，1940）と主張し，「成熟優位説」を唱えたのである。

　遺伝，成熟重視の説に対し，発達は主に個体が生活する環境の要因により規定されるとする環境重視の考え方があった（図14-1の②）。環境重視説の基礎はイギリスの経験論哲学にある。ロックは，人間は生まれたときは白紙の状態（タブラ・ラサ）で，生後の経験が白紙に書き込まれていく形で発達していくと主張した。また，極端な環境説は，行動主義心理学の創始者ワトソンによって唱えられた。彼はパブロフの条件反射説にもとづき，刺激と反応が結合することにより新たな行動が獲得されると考えた（4節）。「私に，健康で，いいからだをした1ダースの赤ん坊と，彼らを育てるため私自身の特殊な世界を与え

たまえ。そうすれば，私はでたらめにそのうちの1人をとり，その子を訓練して，その子の祖先の才能，嗜好，傾向，能力，職業がどうだろうと，私が選んだある専門家——医者，法律家，芸術家，大実業家，そうだ，物乞い，泥棒さえも——に，きっとしてみせよう」（ワトソン，1930）ということばは，ワトソンの考えを端的にあらわしている。

さて，今日では遺伝か環境か，成熟か学習かという二者択一的立場をとり，かつ子どもを受動的存在とみる者はほとんどいない。遺伝と環境の両要因，成熟と学習の両側面なくして発達は成り立たず，両要因が相互に規定しあいはたらきあう関係にあるとする相互作用説が一般的になっている（図14-1の③）。

遺伝か環境かではなく，遺伝も環境もという視点の発端は，シュテルンの輻輳説（人間の発達は遺伝的因子と環境的因子の相互作用により成り立つ）にあった。当初，相互作用を両要因の加算的作用と考える傾向にあったが，現在は遺伝的要因と環境要因が相乗的に作用しあう相互作用説に発展してきている。この説の代表的存在としてピアジェがあげられる。彼は，子ども自身が環境へ能動的にはたらきかけ，主体的な活動をとおして知識を獲得していくことを強調する典型的な相互作用説をとるのである

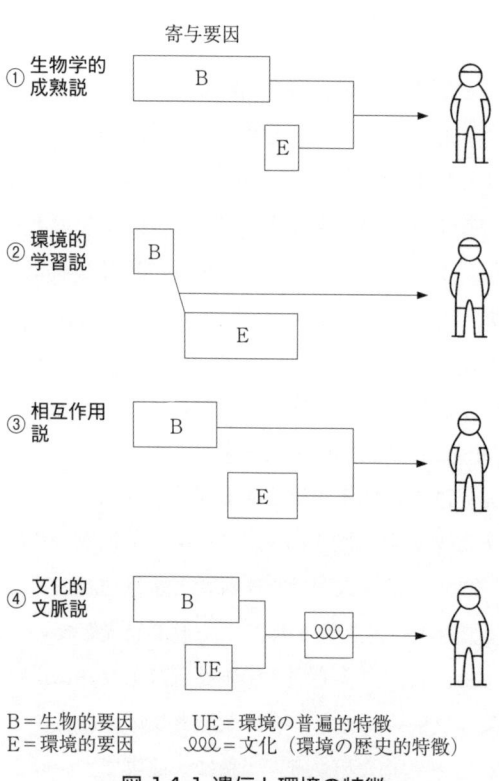

図14-1 遺伝と環境の特徴
（コール, M. とコール, S., 1989）

① 生物学的成熟説
② 環境的学習説
③ 相互作用説
④ 文化的文脈説

B＝生物的要因　UE＝環境の普遍的特徴
E＝環境的要因　〰＝文化（環境の歴史的特徴）

(3節)。また，精神分析学を興したフロイトの考えもこの説に属するものである（2節）。

さらに，歴史・文化的環境のはたらきを明確に位置づけた相互作用説として，M・コールとS・コールが展開した文化的文脈（依存）説があげられる（図14-1の④）。これは，人間の発達における文化的・歴史的影響を重視したヴィゴツキーの発達理論を発展させたものである。人間はことば，習慣，価値観の異なる文化のなかで生活しているが，この生活環境条件，いわゆる社会的・文化的文脈条件が遺伝要因および環境要因と作用しあい発達を規定しているという考えである。この説は従来の相互作用説が視野に入れてこなかった環境の歴史・文化的側面に注目した点がおおいに評価されよう。

2節 精神分析の発達理論

フロイトによって提唱された精神分析学は，無意識の発見で知られるように，発達心理学のみならず心理学全体に衝撃的影響を与えた。精神分析学は精神的な障害をもつ患者の治療活動のなかで生まれた理論である。フロイトの考えはその時期によりかなり変化しているが，性的エネルギー論と心的構造論について概観する。

フロイトは，人間の行動は生物学的基礎をもった，無意識下の強力な性的エネルギー（リビドー）によって突き動かされ，パーソナリティの発達はリビドーが充足され，体制化されていく過程とみなした。また発達の過程ではリビドーが活発で充足される身体の部位が順次変化するとし，発達段階を，①口唇期（0～1歳半），②肛門期（2～3歳），③男根期（3～4歳），④潜伏期（4, 5歳～思春期），⑤性器期（15, 16歳以降）に設定した。

さて，フロイトは基本的には成熟を優位に考えるが，他方で環境がリビドーの充足のさせ方を方向づけ，パーソナリティの発達に重要な影響をおよぼすと説く。発達の各段階で適度なリビドーの充足が必要であり，過剰な充足や欲求

不満に陥る環境状況にさらされると,固着か退行が生じパーソナリティ形成に影響するとした。たとえば,口唇期に授乳等による十分なリビドー充足が得られないと,欲求不満に陥り,次の発達段階にうまく移行できず口唇期に固着してしまい,その後,受動性,依存性の強い口唇期的性格が残る。また,口唇期に甘やかされ,過剰なリビドー充足を経験すると,後の人生において厳しい状況に遭遇した場合,快適であった口唇期での行動特徴に退行するのである。

フロイトの考えのなかで,上述した性的エネルギー論にもとづき展開されるパーソナリティ発達理論は心的構造論と密接なかかわりをもつ。彼によるとパーソナリティ構造はイド(エス),自我,超自我の3領域で構成されているという(図14-2)。イドという領域はリビドーが未分化のまま存在している身体性に根ざした無意識の世界であり,自我の領域は自分という世界で意識,無意識の両者を含む世界であり,超自我は理想自我の領域であり,社会のさまざまな規範を内面化したもので,行動に対し制止的,禁止的はたらきをするものである。新生児や乳児はイドに支配されており,リビドーのおもむくままに行動しようとする快楽原理で生きているが,まもなく自我があらわれてくる。子どもは環境に対して適切で,現実に適した行動をとり,リビドーを充足させることができるようになり,現実原理にそって行動する自我が発達する。次に超自我があらわれ,親や社会の道徳律,価値を内面化していく。

フロイトの発達理論はアンナ・フロイトはじめ多くの人に受け継がれたが,そのなかでも生涯発達の視点で発達論を展開したのがエリクソンである。彼は,社会,文化,歴史,伝統もパーソナリティの発達におおいに影響すると考えた。彼の理論は心理・社会的発達理論と呼ばれる。また,エ

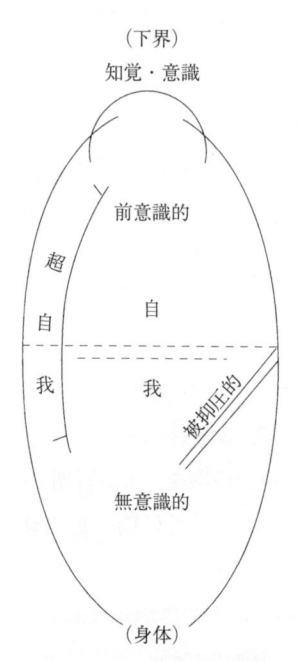

図14-2 心的構造の図
(フロイト,1933)

表 14-1 エリクソンの心理発達の 8 つの段階 (宮原・宮原, 1996)

発達段階	心理的危機	有意義な対人関係	好ましい結果
第1段階（乳児前期）0歳～1歳	信頼 対 不信	母親またはその代わりとなる者	信頼と楽観性
第2段階（乳児後期）1歳～3歳	自律性 対 疑惑	両親	自己統制と適切さの感じ
第3段階（幼児期）3歳～6歳	自発性 対 罪悪感	基本的家族	目的と方向；自分の活動を開始する能力
第4段階（学童期）6歳～12歳	勤勉性 対 劣等感	近隣社会；学校	知的，社会的，身体的な技能
第5段階（青年期）	アイデンティティ 対 アイデンティティ混乱	仲間集団と外集団；リーダーシップのモデル	自分を唯一の人間としてイメージをつくり上げる
第6段階（成人前期）	親和性 対 孤立	親密なパートナー；性，競争，協調	親密な関係を永続的に形成する能力
第7段階（壮年期）	生殖性 対 停滞	役割分担と家族分担	家族，社会，次代への関心
第8段階（老年期）	統合性 対 絶望と嫌悪	「人類」；「わたくしの心」；死を受け入れる心	自分の人生に対する充足感と満足感

リクソンの理論の特徴は誕生から死に至るまでの発達を取り上げたことであり，人生を 8 段階に区切り，それぞれの段階での発達課題（危機）を明確に規定し，発達を論じたことである（表 14-1）。

3節 認知発達理論

　この節では 20 世紀が生み出した最も偉大な心理学者の 1 人であるピアジェの認知発達理論について概説する。
　ピアジェの理論は壮大で，かつ難解であるが，基本的関心は人間の認識の起源の解明にあった。認識の発生を心理学で明らかにしようとしたことから，自ら

の理論を「発生的認識論」と呼んだ。また彼は，認識の発生を解明する方法として，観察法と臨床法を駆使した。臨床法は，若き日，ビネー知能検査の開発に携わり，子どもの誤答の質に興味をもったことが発端であるといわれている。子どもに巧みな質問をさまざまな角度から行い，答えのなかの矛盾，誤答から子どもとおとなとの論理構造の違い，外界認識の違いを明らかにしていったのである。ピアジェの認知発達論は，1節でふれたように相互作用説に入る。

　ピアジェは個体と環境とが相互作用する過程で，「同化」と「調節」の機能がはたらき，「シェマ」が形成されていくことが認知の発達であると考えた。シェマとは行動を生み出すことを可能にしている基礎的な構造，端的にいえば行動の下図あるいは知識である。同化とは個体が外界にはたらきかけ，既存のシェマを適用し外界の事象をその個体のシェマに取り込む機能である。調節とは既存のシェマで外界を同化できない場合，外界の事象にあうようにシェマを変化させる機能である。人間は誕生時に先天的なシェマをもっており，そのシェマを使い積極的に環境にはたらきかけ，同化をとおしてまわりの環境を取り入れ適応していく。適応できないときは調節機能をはたらかせて新しいシェマをつくっていくのである（図14-3）。

　同化と調節のはたらきによりシェマが変化し，より安定した高次の構造へと

子どものシェマ	＜同化・調節作用＞	環境の応答
生まれつきもっている知識（口にものがふれると吸う）	乳首にふれて献身的に吸う（同化）	おっぱいやミルクを出す
吸うとおなかがふくれるという知識（シェマ）が獲得される	乳首がほおにふれるとすぐに正しい方向に乳首を探すようになる（調節）	
あるものは吸ってもおなかのたしにはならないという知識（シェマ）が獲得される	おなかが空いて毛布や指などを吸う（同化）	おっぱいやミルクを出さない
	おなかが空いても毛布や指は吸わない（調節）	

←新しいシェマの獲得

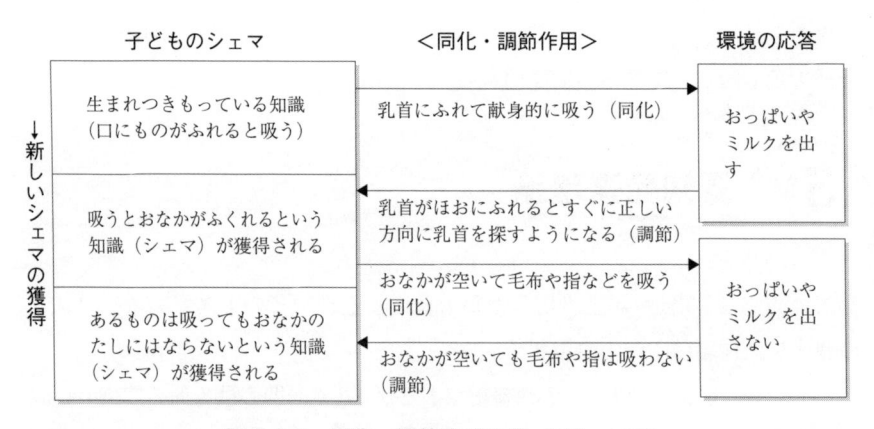

図14-3　同化・調節作用の例（田島，1989）

進む過程，また同化と調節とのバランスをとる方向，すなわち均衡化へと進む過程が発達である。ピアジェはこの変化の過程を4章で解説したように，感覚運動的段階，前操作的段階，具体的操作段階，形式的操作段階の4段階でとらえている。彼によると発達する速度においては個人差はあるが，発達の順序は一定であるとし，順序性を強調した発達段階を設定している。

　いずれの理論でも同様であるが，発達心理学の巨人といわれたピアジェの理論もさまざまに批判され，発展してきている。特に，行動理論のさかんであったアメリカにおいてピアジェ理論を紹介し，その理論を発展させたハントの説は見過ごせない。彼は個体の内部にある情報と外部からの情報との不調和が，その個体の行動を起こす原動力であるとし，発達にはこの内発的動機づけが重要であることを力説した。また，ハントの内発的動機づけを強調した発達理論は，乳幼児教育にも大きな影響をおよぼした。

4節　学習理論

　生理的に早産である人間は，誕生のときから間断なく環境と相互作用しながら発達していく動物である。藤永ら（1987）による貧困な初期環境下における発達遅滞児の事例研究をみても，いかに経験（学習）が重要であるかを教えてくれる。学習についての研究は，これまで，行動主義，新行動主義心理学の中心的テーマであった。多くの緻密な実験により，学習のメカニズムが明らかにされるとともに，学習理論は教育，臨床といった領域にもさかんに応用されていった。この節では刺激と反応の連合を単位として行動変容を説く条件づけ（古典的条件づけ，オペラント条件づけ）学習理論を概説するとともに，内的認知過程を理論に取り入れたバンデューラの社会的学習理論についてもふれることにする。

　古典的条件づけ理論は，よく知られているパブロフの条件反射を土台としている。パブロフはイヌを被験体にし，唾液分泌を条件づける次のような実験を

行った。まず、メトロノーム音（条件刺激：CS）を提示してもイヌは唾液を出さないことを確認した後、イヌの口中に肉粉（無条件刺激：UCS）を入れる。すると唾液分泌（無条件反応：UCR）が生じる。次に肉粉を口に入れるのと同時か少し前にメトロノーム音を提示する手続きを繰り返す。すなわちCSとUCSの対提示を反復するのである。最初のうちは肉粉に対してのみ唾液分泌が生じているが、音刺激と肉粉刺激の対提示（強化）を反復していくと、音刺激の提示だけでも唾液分泌（CR）が生じるようになる。すなわち、CSとUCSとの対提示を反復することにより、CSに対してCRが新しく結びつくのである（図14-4）。1節でふれたワトソンは、乳児の恐怖条件づけ（CSに白ネズミ、UCSに大きい音を用い、白ネズミに対して恐れ反応を引き起こすような条件づけ）の例で理解できるように、この古典的条件づけ理論を発達の考えに用いたのである（図14-5）。

　スキナーは条件づけを2種類に分けた。1つは上述した古典的条件づけであり、もう1つは、ある特定の刺激のもとで個体が自発する行動を条件づけるオ

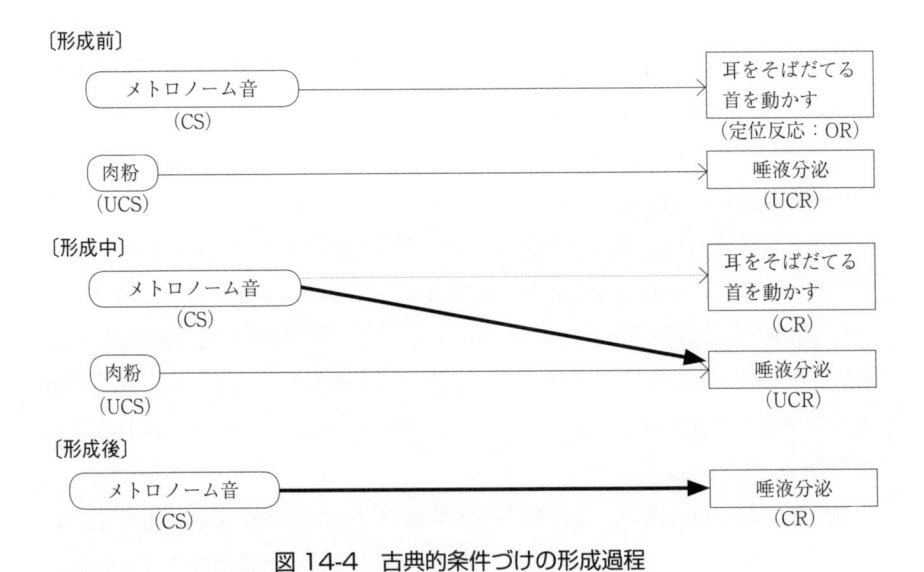

図14-4　古典的条件づけの形成過程

① 条件づけ以前には，子どもはウサギに対して積極的に行動する。

② 子どもが白ネズミを見ているときに大きな音を鳴らすと，その後は白ネズミを恐れて回避するようになる。

③ 白ネズミだけではなく，ウサギからも遠ざかろうとする。

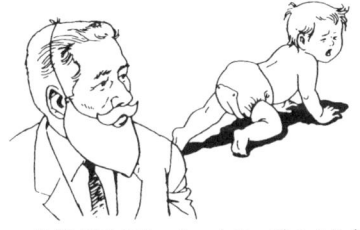

④ 恐怖反応は，白いもの，毛のあるものに広く般化する。

図14-5　乳児に対する恐怖条件づけ（ワトソンとレイナー，1920；ムーン，1961）

ペラント条件づけである。スキナーはスキナー箱を考案し，ネズミやハトなどを被験体に用い多くの実験を行った（図14-6，図14-7）。ネズミを用いた挺子押し反応の条件づけの例をあげると次のようになる。空腹（飢えの動因をもつ）のネズミを挺子（CS）が設置されているスキナー箱に入れると，はじめは箱のなかを探索するが，そのうち偶然にネズミ自ら挺子を押す（CR），すると餌皿に粒餌（UCS）がでてきて，ネズミはその粒餌を食べる（UCR）ことができる。このようなことを何度か反復していると挺子押し反応の出現頻度がしだいに高くなってくるのである。ただし，最初は挺子押し反応は惹起する確率が低い（オペラント水準が低い）ため，実際にはもっと惹起する確率が高い反応（たとえば挺子に近づく反応）から段階的に条件づけていくシェーピングという方法をとるのである。

この実験例では，スキナー箱でネズミが自発した挺子押し反応を粒餌で強化

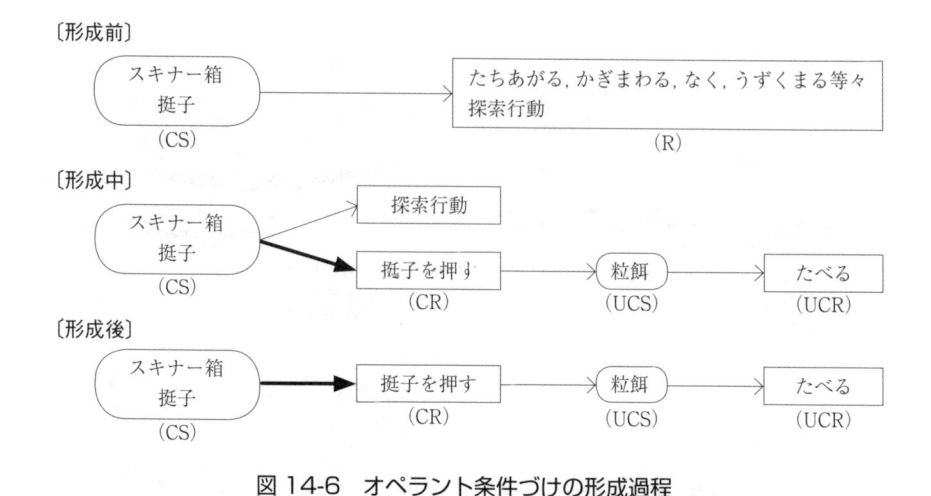

〔形成前〕

```
スキナー箱
挺子       ────→  たちあがる，かぎまわる，なく，うずくまる等々
(CS)              探索行動
                                    (R)
```

〔形成中〕

```
                    ┌→ 探索行動
スキナー箱
挺子       ────→
(CS)                └→ 挺子を押す ──→ 粒餌   ──→ たべる
                       (CR)         (UCS)      (UCR)
```

〔形成後〕

```
スキナー箱
挺子       ────→ 挺子を押す ──→ 粒餌   ──→ たべる
(CS)              (CR)         (UCS)      (UCR)
```

図 14-6　オペラント条件づけの形成過程

することを繰り返すと，徐々に挺子押し反応の生起頻度が高くなることを示している。スキナー箱内挺子（CS）と挺子押し反応（CR）の結びつきが強くなっていき，そこに行動の変化が起こり，学習が成立すると考えられる。ゆえに，オペラント条件づけ理論によると，発達は，さまざまな環境下で人間が自ら起こした行動が強化（賞罰）されることによる行動の変化であると説明できる。

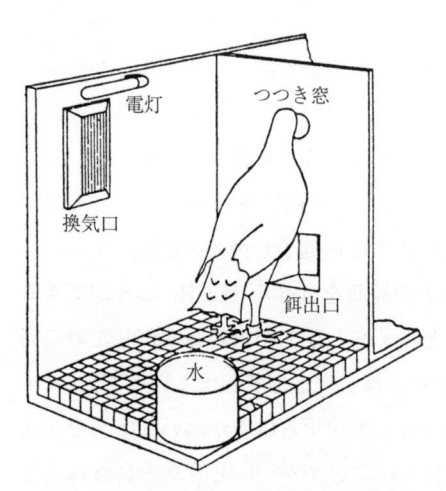

このオペラント条件づけ理論は，さまざまな分野で応用されている。スキナーは早くから教育への応用に着目し，個別学習指導法としてプログラム学習を考案し，プログラム学習を推し進めていくための5つの基本原理——①スモールステップの原理：誰でも失敗なく，容易に行える

図 14-7　ハトの窓つつき反応を条件
　　　　づけする装置：スキナー箱
（ファスターとスキナー，1957）

コラム14 保育者効力感について

　私たちが行動を起こそうとするとき，こう行動すると結果はこうなるだろうという期待と，ある結果を生み出すために必要な行動を自分はどの程度うまく行えるかという期待の2種類の期待がはたらく。バンデューラ（1977）は前者を「結果期待」，後者を「効力期待」と名づけ，個々人が認知する効力期待（遂行可能感）を自己効力感と呼んだ。また彼は4種類の情報――行為的情報（自分で実際に行ってみること），代理的情報（他人の行為を観察すること），言語的説得の情報（自己教示や他者からの説得的暗示），生理的喚起の情報（生理的な反応の変化を体験する）――により，自己効力感は影響を受けると主張した。自己効力感に関する研究は，基礎研究はもとより，臨床，教育場面等での応用研究まで幅広く行われている。

　保育者効力感とは，幼稚園や保育所で働く保育者あるいは保育専攻学生が保育実践活動をしようとする場合の効力感であり，「保育者が保育場面において子どもの発達に望ましい変化をもたらすことができるであろう保育的行為をとることができる信念」である。保育や幼児教育に対する社会の要求が高まり，かつ多様化してきている昨今，保育者の保育専門性の向上，養成機関においても専門性をもった学生の養成が強く求められている。保育者効力感は，保育能力にかかわる重要な要因として注目に値するものと考えられる。

　三木・桜井（1998）は保育者効力感尺度を作成し，保育科短大生を対象にし，保育所・幼稚園実習前と後に調査を行った。その結果，実習前より後のほうが保育者効力感得点は高かった。実際に乳幼児の前で実習をすること，保育を目の当たりに観ること，すなわち行為的情報，代理的情報により保育者効力感が変化することを示している。また，西山（2009）は，保育内容領域「人間関係」の保育者効力感尺度を作成し，保育経験の長い者は短い者に比べ保育者効力感得点が高いことを示している。ともかく，保育者効力感は興味あるテーマのように思われる。

よう学習のステップを細かく設定すること，②積極的反応の原理：学習者が能動的に取り組むこと，③即時フィードバックの原理：学習者の反応に対し，即時的に正誤のフィードバックを返すこと，④自己ペースの原理：学習者は，自分のペースで学習を進めていくこと，⑤学習者検証の原理：学習者の反応によって，プログラムの改善がなされること——を明示した。このプログラム学習の原理は，保育実践の場面においても活用され得るものといえる。

条件づけの学習理論では，学習成立には個体が外からの直接強化を受けることが必要条件であるが，バンデューラは直接強化を受けなくてもモデルの行動を観察するだけで学習が成立することを示した。これはのちの「社会的学習理論」へと発展していった。バンデューラら（1961）はボボ人形（空気でふくらませた人形）を使い，おとなが身体的，言語的攻撃を加えるのを幼児に見せ，その後の自由な遊び場面で幼児がどのような行動をとるかを調べた。おとなの攻撃的行動を観察した幼児は遊び場面で攻撃的行動を示した。攻撃的行動を観察しなかった幼児にはそのような行動はみられなかった。彼は多くの実験をとおして，条件づけの学習理論では説明できない事実を示し，モデルの行動を観察するのみで成立する学習を「モデリング」と呼んだ。モデリング理論は他者の行動を観察し，情報を学習者の内に取り入れ処理する，いわゆる認知過程が重要であり，かつ常に他者との関係で学習が進んでいく特徴をもつことから，今後さらに，発達理論にとっても有効なものになると考えられる。

読書案内

東　洋・繁多　進・田島信元（編集企画）　1992　発達心理学ハンドブック　福村出版

村井潤一（編）　1977　発達の理論——発達と教育・その基本問題を考える　ミネルヴァ書房

トーマス，R.M.　1979　小川捷之・林　洋一・新倉涼子・岡本浩一（訳）　1985　ラーニングガイド——児童発達の理論　新曜社

小田　豊・森眞理（編）　2007　子どもの発達と文化のかかわり——一人一人の子どもにふさわしい保育をめざして　光生館

鑪　幹八郎　1990　アイデンティティの心理学　講談社　現代新書

鈴木　忠　2008　生涯発達のダイナミクス——知の多様性　生きかたの可塑性　東京大学出版会

15章 ● 発達の研究法

エピソード

　「なぜ，友だちは私にあんなことを言ったのだろう」とか，「他人は私のことを本当はどう思っているのだろう」などのように，私たちは他人の行動の理由やこころを知りたいと思うときがある。逆に，自分の行動やこころについても興味や関心をもつときもある。また，日常の会話で一般の人から「専門は何ですか？」という質問を受け，「心理学です」と答えると，「じゃあ，今私が考えていることがわかってしまうのですか？」というような質問に出くわすこともある。

　心理学はたしかに「こころの科学」といわれ，人間のこころを研究の対象にしているが，心理学を学ぶと他人の気持ちや行動の理由を知ることができるのだろうか。実際に，心理学では，目に見えないこころをどのようにして研究しているのだろうか。

　心理学は科学であるため，客観性や再現性が求められる。そのため，目に見えないこころそのものを扱うのではなく，外にあらわれ誰でも同じように目にすることができる人の行動や反応を研究の対象とし，そこから人間のこころを推測するのである。たとえば，大学における講義の最中に学生があくびをしていた場合，彼らは講義をつまらないと思っているなどと推測するように。

エピソードで紹介したように，心理学では，こころを直接研究の対象とするのではなく，外に見える行動や反応を研究の対象とし，そこからこころ（こころの動き）を推測する。それによって心理学は客観性をもち科学として成り立っているのである。本書の14章までのなかで取り扱ってきた内容は，心理学のなかでも発達心理学と呼ばれる分野に属する内容である。心理学のなかにはそれ以外にも教育の分野に関連したことを研究する教育心理学，正常でない行動の性質やそれを正常にさせることを研究する臨床心理学，人間の社会的側面を研究する社会心理学など，さまざまな分野がある。しかしながら，おおまかにみれば，心理学には分野を超えた共通の研究方法というものが存在する。
　そこで本章では，本書のタイトルにもなっている乳幼児を中心に，心理学に共通する研究方法を概観する。具体的には1節で観察法，2節で実験法，3節で面接法，4節で事例研究法，5節で量的研究法と質的研究法を取り上げる。そして，6節では心理学研究を実施する際の研究倫理について述べる。

1節　観察法

▶1　観察法とは

　観察法は，科学一般において資料を収集するための基本的な方法である。通常，観察法は「自然観察法」と「実験観察法」に分類され，前者は単に「観察法」，後者は単に「実験法」とも呼ばれる。本節では，前者の自然観察法について述べる。

　一般に自然観察法は，人為的に生じさせることのできない行動とか，言語的コミュニケーションが十分に行えない乳児や幼児を研究する場合に用いられることが多い。自然観察法は実験法（2節）とは違い，被験体（この場合は，観察されるもの）を拘束したり，操作を加えたりせずに，被験体のありのままの行動を観察することによって，被験体についての知識を得る方法である。

▶2　観察法の種類

　研究の対象が人間であっても動物であっても，被験体の生活すべてを観察す

ることは,その量が膨大になるため不可能である。そこで,観察を行うためのいくつかの方法が考案されている。以下にその代表的な2つの方法を示す。
(1) 時間見本法　　一定の時間にかぎって観察する方法。
(2) 場面選択法　　一定の場所とか場面にかぎって観察する方法。

▶3 観察法における注意点

　自然観察では,観察者は観察の対象を漠然と眺めていてもそこから何も見つけ出すことはできない。観察者は明確な目的をもって対象を観察し,その結果得られたデータにもとづいて,理論や仮説を立て,その理論や仮説を検証するために,再び観察を行ってデータを得るという姿勢が必要である。

　また,録画機器を利用したり,予想される現象についてのチェックリストやカテゴリー表を作成したり,複数の観察者を用意したりすることによって,観察の信頼性と妥当性を高めることも必要である。

▶4 観察法の特徴と問題点

a 観察法の特徴
(1) 被観察者のことばに頼らず,被観察者の目的とする行動や事象を観察者が直接観察できるので,ことばが不十分である乳児や幼児を研究の対象にすることができる。
(2) 行動や事象を全体としてとらえることができる。
(3) 他の研究方法と比べて,時間や場所などの制約を受けにくい(いつでもいかなる場所でも観察を行うことができる)。

b 観察法の問題点
(1) 観察者が明確な目的と視点をもたない場合,そこから得られる結果は焦点のぼやけたものとなり,有用なものとはならない。
(2) 観察者はややもすると自分に都合の良い側面や観察しやすい側面に注意を向けがちになり,客観的態度が失われる可能性がある。そうした場合,解釈が主観的なものになってしまう。

(3) 観察しようとする事象や行動がいつ生ずるか予測不可能である場合，一度生ずるとそれを再び観察できないことも多い。もし，仮に同じような現象や行動が生じたとしても，それが生ずる背景が必ずしも同じとはかぎらないので，条件と現象・行動との因果関係を推測するのがむずかしい。

2節 実験法

▶1 実験法とは

前述のように，観察法のなかで実験的観察と呼ばれる方法を単に「実験法」という。自然場面では，全く同じ現象や観察者が調べたい現象が続けて起きるということはまずあり得ない。それに対し，実験法では以下のような特徴をもつ。①実験者が望むときに，望む場所で，実験者が意図的に現象に対して操作を加え，観察したい現象を引き起こすことによって，精密な観察を行うことができる。②実験者が加える条件に変化をもたせることによって，結果にどのような変化が生じるかを観察することができるため，法則性（因果関係）を明らかにすることができる。③他の研究者が同一の条件で追試を行うことができるので，他の研究法に比べ科学の特徴である客観性や再現性が保証される。

▶2 実験法の基本的なスタイル

このように，実験法は変数間の関係をとらえようとするものである。そのとき，実験者が操作するものを「独立変数」，結果として生じるものを「従属変数」と呼ぶ。両者の関係を，育児の問題の1つである母親語（母親の赤ちゃんへの語りかけ）と赤ちゃんの反応を例にとって説明する。一般に，お母さんが赤ちゃんに向かって話をするとき，成人に話をするときに比べて，①声の高さが高いこと，②声の抑揚をおおげさに誇張する傾向があること，が知られている。これは，赤ちゃんが母親語を好むために生じる現象である。たとえば，赤ちゃんがベビーベッドの上で穏やかに覚醒しているときに，左右の耳元にそれぞ

れスピーカーを1台ずつ置いておく。片方のスピーカーからは母親が成人に向かって話をしている声を流し，もう片方のスピーカーからは赤ちゃんに向かって話しかけている声（母親語）を流す（その際，両方のスピーカーから流れる発話の内容も，テンポも音の強さも全く変わらないようにしておく）と，何度試行を繰り返しても赤ちゃんは母親語が聞こえているスピーカーのほうへと頭を回転させる（正高，1995）。「なぜ，赤ちゃんが母親語を好むのか」の理由は他書に譲るとして（正高，1995），この実験では，スピーカーから流れる母親の2つのことば（母親語とそうでないもの）が独立変数（実験者が加える条件），そのときの赤ちゃんの反応が従属変数（それによって引き起こされた結果）になる。

　しかし，実際の実験では，独立変数と従属変数のあいだにさまざまな雑音が入り，両者の関係をぼかしてしまう場合がある。つまり，雑音によって，同一の刺激を受けても異なった反応が生じることもあるし，逆に異なった刺激を受けても反応が同じになることもある。この雑音を「剰余変数」という。剰余変数は，被験体の性や年齢など個体に特有の特性による場合と，温度や照明などの実験状況にかかわるものの2つがある（上述の実験では，「両方のスピーカーから流れる発話の内容も，テンポも音の強さも全く変わらないようにしておく」ことや，「スピーカーから流す声の持ち主を同一人物（同一の母親）にする」ことなどが重要となる）。

▶ 3　実験法における注意点
a　剰余変数の統制の仕方

　実験法では，実験結果にゆがみを生じさせないために剰余変数を統制する必要がある。通常，その方法には以下の3つがある。

(1)　**統制群法**　実験協力者を無作為に2群に分け，一方を実験処理を加える実験群，他方を実験処理を加えない統制群とし，それ以外は両群とも全く同じ条件にして，両群間の従属変数の差を比較検討する方法。

(2)　**対象統制群法**　剰余変数が明らかであり，その影響が無視できない

ほど大きい場合，剰余変数の値の等しい2人の実験協力者対を多数つくり，それを実験群と統制群に振り分け，剰余変数の効果が一定になるようにして，剰余変数が従属変数に与える影響を事実上なしにする方法。
(3) 相殺法　実験を行う順序などのように，剰余変数の効果として方向性が仮定されるとき，両方向に操作を加えて（順番を入れ換えるなど），全体として効果を平均化してしまう方法。

b　実験者効果

剰余変数以外に，実験結果にゆがみを生じさせる原因として「実験者効果」がある。実験者効果とは，実験者があらかじめ抱いている研究仮説が，実験者の行動をとおして実験協力者に影響する（たとえば，実験者が無意識のうちに，実験協力者が仮説どおりの反応をすると満足そうにし，仮説に反した反応をすると首をかしげる）など，実験者のもっている条件が実験協力者の反応に影響を与える現象をいう。したがって実験は，研究の仮説や目的を知らない者が担当したほうが望ましい。

▶4　実験法の特徴と問題点

a　実験法の特徴

(1) 原因と思われるものを操作し，それによって結果がどう変化したかを明らかにすることができるため，法則性（因果関係）を明らかにすることができる。
(2) 他の研究者によって追試が可能であるため，客観性が高い。

b　実験法の問題点

実験法では法則性や因果性を明らかにするために，実験者が統制や操作を加えある種の人工的環境をつくり出す。そのため，ややもすると日常の環境と遊離した場面設定になることがあり，現実社会の問題には答えないとの批判もある。実験を行う際には，実験の精度の向上だけをめざし，現実の世界から遊離した実験心理学にならぬよう十分注意する必要がある。

3節　面接法

▶1　面接法とは

　面接法は，2つに大別される。1つは「臨床的面接法」であり，もう1つは「調査的面接法」である。前者は悩みを抱えた被面接者の問題解決をめざして面接が行われるのに対し，後者は治療目的ではなく，多くの被面接者の意見や考えを把握するために面接が行われる。本節では，本書の趣旨に沿って，後者の「調査的面接法」について述べる。調査的面接法で得られたデータは，臨床的面接法のデータと違い，被面接者全体の意見や考えをまとめる形に集約される。

▶2　面接の形態

　面接の形態は以下のようないくつかの観点によって分類される。

　a　方法による分類

　あらかじめ面接の内容が完全に準備され統制されているかいないかによって3つに分類され，統制度の高いものは「構造化面接」，その反対に全く統制されていないものは「非構造化面接」，両者の中間は「半構造化面接」に分類される。

　b　面接者の統制の程度による分類

　面接者が面接をどの程度主導的に統制するかによって2つに大別され，面接者の統制度の高いものは「指示的面接」，統制度の低いものは「非指示的面接」に分類される。

　c　人数による分類

　面接を行う人数によって2つに分類され，面接者と被面接者が1対1で行うものは「個人面接」，1名または複数の面接者が小集団の被面接者に行うものは「集団面接」に分類される。

▶3 面接法における注意点

a 面接への導入とラポールの形成

通常の場合，面接は面接者と被面接者が初対面であり，しかも面接室という特殊な空間で行われることが多いため，被面接者は緊張していることが予想される。また，被面接者が面接内容に対して興味がないなど，面接に必ずしも協力的でない場合もある。

面接者は被面接者に対し，最初にあいさつや自己紹介，面接の趣旨，発言内容の秘密保持の厳守などを説明し，被面接者をリラックスさせ，信頼関係（ラポール）を築くことが必要である。それによってはじめて，被面接者から正しい情報が引き出せる。

b ことば以外の情報を見逃さない

面接はことばによるコミュニケーションをとおして行われるので，被面接者の述べたことばは重要である。しかし，その一方で，それらのことばは意識的（合理的）な判断にもとづいてなされ，本来の自分の意見を隠して，社会的に望ましい答えを述べているにすぎないなど，必ずしもそのことばが信頼できない場合もある。面接者は，被面接者のことば以外の表情やしぐさなどといった非言語的な手がかりにも注意を向け，被面接者が本心ではない防衛的な反応や社会的に望ましい反応を行っていると判断した場合には，それについてさらに質問を行い，正確な情報を引き出すよう努めなければならない。

しかし同時に，面接の仕方によっては，被面接者が気分を害したり，さらに自己防衛を強めたりして，それ以後の面接を拒絶される場合もあるので，十分な配慮が必要である。

c 面接者バイアス

面接を行う場合，面接法に関するある程度の専門的な知識や技術をもっていることが必要である。なぜなら，面接者の技術が低い場合，面接内容や結果にゆがみが生じる場合があるためである。面接者が被面接者に対して偏見を抱いたり，特定の反応がでることを期待したり，誘導的な質問を行った場合，面接結果にゆがみや偏りが生じる。このようなゆがみや偏りの原因となる面接者の

偏見や先入観，予期や期待のことを「面接者バイアス」といい，面接者は面接に際してフラットな状態でのぞまなければならない。

▶4 面接法の特徴と問題点

a 面接法の特徴

(1) 観察法では観察者と被観察者の関係が，実験法では実験者と実験協力者の関係がどちらも一方向的であるのに対し，面接法は面接者と被面接者のあいだの相互関係によって行われる点が大きく異なる。そのため面接法は，被面接者に質問の意図が十分伝わっていない場合に質問の内容を補足したり，被面接者の拒否的態度を和らげたり，信頼性の低い被面接者の回答についてはさらに質問を行うことができる。

(2) ことば以外にも被面接者の表情や態度や反応時間からさまざまな情報を得ることができる。

b 面接法の問題点

(1) 面接者と被面接者の相互作用があるので，場面を客観的に統制することがむずかしい。つまり，同じ質問をしても面接の技術の巧拙によって被面接者の回答が異なる場合がある。

(2) 面接者にある程度の技術が必要である。

4節 事例研究法

▶1 事例研究法とは

ある個人が何らかの問題行動をもっている場合，その問題行動を理解し，問題行動解決のための具体的方法を立てるなど，その個人に関して多面的な資料を収集し，分析する方法を事例研究法という。心理学の一般的な研究方法である実験研究や調査（質問紙）研究が，多数の個人を対象とし，同一の方法によってデータを得，それを分析することによって，一般的な心理学的法則性を見出

コラム15 野生児・社会的隔離児の研究

　われわれ人間は，生まれたときから家庭という人間社会の環境のもとで成長する。もし，このような環境を全く剥奪された状態で乳幼児期を過ごしたら，その後の発達はどのような影響を受けるのだろうか。これは人間にとっての家庭や社会の意味を問う問題であるが，人為的にそのような状況をつくることは倫理上許されない。以下の野生児や社会的隔離児に関する事例研究はその問いにある種の答えを提供している。

(1) 野生児の研究

　野生児とは，何らかの理由によって人間社会から離され，狼などの動物によって育てられ大きくなったと考えられる人間の子どものことをいう。有名なものとして「アヴェロンの野生児」がある。アヴェロンの野生児は，1799年にフランスのアヴェロンの森で発見された推定11～12歳の男の子であり，ヴィクトールと名づけられた。彼は，発見された当初，当時の第一級の精神医学者によって「精神発達の程度が著しく低く，治癒・教育は不可能」と診断された。しかし，彼を6年間育てた医師イタールの記録によると，彼は同年齢のふつうの子どもなみにはならなかったものの，感覚面や社会面でめざましい進歩がみられ，知的面でもある程度の進歩はみられたという。その反面，言語発達は不十分であったという。この研究は，精神発達遅滞児の教育可能性を立証したものとして知られている。

(2) 社会的隔離児の研究

　社会的隔離児とは，藤永ほか(2005)によると，①出生直後またはきわめて早期から隔離されている，②ほぼ5年以上の長期間隔離されている，③隔離の種類が複合している，④隔離の程度がきわめて重い，⑤隔離により重度の発達遅滞を示している，という5つの条件を備えている子どものことをいう。

　詳しい内容は藤永ほか(2005)に譲るが，日本でも社会的隔離児が発見され，救出後の治療によって，彼らにめざましい回復がみられたという。こうした事例研究によって，人間の発達の可塑性が明らかにされる。

そうとするのに対し，事例研究法は，少数の事例についてさまざまな角度から資料を収集し，分析するという点で，両者は対照的な研究方法といえる。

事例研究法がふさわしいのは，その研究対象が心理学のなかでも比較的未開拓な領域に属する場合であり，事例研究によって新しい仮説やアイデアが提示されることも多い。特異な精神障害者や犯罪者，野生児，社会的隔離児などは，その特殊性から事例研究の対象となることが多い。

▶2 事例研究で収集する資料の内容，およびその方法

a 資料の内容

一般的には，個人の出生から現在までの生活歴，家族関係，生活環境，対人関係などが中心となる。また，必要に応じて，知能テストや性格テストが実施される場合もある。

b 資料収集の方法

(1) 本人またはその家族，およびその関係者からの陳述による方法

本人の特徴的な行動事例をそのまま記録する「逸話記録法」や，本人が自発的に書いた日記や自叙伝により，個人の性格や思想や価値観を知る「自叙伝法」，他者によって書かれた個人に関する伝記をもとに，本人の特徴を明らかにする「伝記的方法」などがある。

(2) 客観的資料による方法

心理検査（知能テストや性格テスト）や観察法（自然的観察法・実験的観察法）がある。

▶3 事例研究法における注意点

事例研究は，条件統制がしにくいため，資料の解釈が多義的になるという面をもちあわせている。また，得られた資料そのものに信頼性が乏しい場合もある。たとえば，個人の日記や自叙伝には主観や誇張が入り込んでいる場合や，ある個人について他者から集めた情報には記憶の誤りや好悪による偏見がみられる場合もある。こうした点で資料の収集や分析の際には十分な配慮が必要である。

▶ 4 事例研究法の特徴と問題点

a 事例研究法の特徴

(1) 個人がもつ問題行動を治療するような臨床場面では，当該個人についてさまざまな角度から資料が得られ，それが取捨選択された後，統合的に分析され，個人の総合的理解が深められ，どのような指導や治療を行えばよいかが検討される。そして，実際にその方法が個人に適用され，その結果，問題行動がどのように変わったか，または解決されたのかが検討される。

(2) このように特定の個人に対する臨床場面に用いられるだけでなく，多くの事例を集めることによって，そこから一般化された仮説や理論を導き出すことも可能である。

(3) 事例研究によって，ある仮説や理論の検証や反証を行うことが可能である。

b 事例研究法の問題点

(1) その方法論はまだ十分に確立されているとはいえず，事例研究による結果から一般的な原理や法則を導き出すためには，豊かな洞察力が必要であると同時に，慎重な姿勢も必要とされる。

(2) 他の研究法に比べ，労力と時間を要する。

5節 量的研究法と質的研究法

▶ 1 量的研究法・質的研究法とは

実験室のなかで条件を統制しながら厳密な測定が行われることが多い実験研究に対し，近年の調査研究では観察法や面接法，フィールドワークなどを用いた質的研究法が注目されている。

量的研究法は，従来の心理学の研究によくみられる方法で，数字や数量で表現された量的データを用い，統計的な分析などによって条件の異なる群間（実

験群・統制群など）の比較や変数間の関係を明らかにする研究方法である。量的研究では，自然科学に代表されるような，先行研究の知見や理論にもとづいて研究仮説を設定し，その研究仮説が支持されるか否かを検証するといった仮説演繹法にもとづく研究が多い。

　一方，質的研究法は，心理学や他の人文諸科学の自然科学志向に対するある種の批判から生まれた研究方法である。従来の量的研究法とは異なり，あらかじめ研究仮説をもつのではなく，最初は自然な場面における多様なデータを網羅的に収集することからはじまる。観察記録や面接記録，内省的な言語報告などの記述的データや映像など，いわゆる質的データを用い，帰納法を中心とした推論にもとづき仮説生成を行う。以前の研究ではあるが，ピアジェ（1936）が知能の獲得過程について，彼自身の3人の子どもを詳細に観察した記録なども質的研究に含まれる。

▶2　量的研究法の特徴と問題点

　ある仮説にもとづいてデータを収集し，統計的な手法を用いることによって群間の比較や変数間の関係を明らかにしやすいという特徴をもつ反面，人間の心理や行動は社会や文化の影響を受けるため，必ずしも以前の理論や研究知見が有効なものとはかぎらない場合や，あるいは1つの理論や研究知見を重視するばかりにかえって他の重要な要因を見逃すおそれなどもある。

▶3　質的研究法の特徴と問題点

　研究者側がなるだけ先入観をもたず現象に対して開かれた態度でのぞむので，従来の研究では見落とされていたような問題について新しい洞察や理解を得たり，対象を多角的に理解することが可能である。反面，ある程度分析手法に精通していないと解釈が主観的になるおそれや，全体の分布や傾向の把握，条件の異なる群間の比較に向いていないなどの問題がある。

6節 研究倫理

　心理学を含め，どの分野の研究に携わる者であっても，1人ひとりの研究者が常に研究倫理を意識しなければならない。国内には心理学に関するさまざまな学会が存在し，それぞれの学会で倫理綱領が定められている。ここでは，日本教育心理学会（2000）や日本発達心理学会（2000）などの倫理綱領を参考に，心理学研究を実施する際の最も基本的な研究倫理について述べる。

▶1　人権の尊重

　研究を実施する際には，研究協力者の人権を尊重しなければならない。つまり，研究協力者に対して，分析に必要のない情報（個人の属性）まで尋ねていないかなど個人のプライバシーに配慮したり，研究協力者に心理的苦痛や身体的危害を加えることのないよう配慮しなければならない。

▶2　インフォームド・コンセント

　研究を実施する前に，研究協力者に対して研究の意義や内容を文書または口頭によって伝え，同意を得る必要がある。研究への同意は研究協力者本人から得ることが原則であるが，乳幼児など同意の判断がむずかしい場合は，保護者の同意を得る必要がある。研究実施にかかわる情報の非公開や虚偽が研究にとって不可欠の場合には，それが研究協力者に何らかの負の影響を与えないことを確認し，研究実施後に研究協力者にその理由を説明しなければならない。

　また，研究への参加の勧誘は過度のものであってはならない。協力者が自らの意志で研究への参加を拒否したり，途中で放棄できることについても事前に伝えなければならない。

▶3　情報の秘密保持の厳守

研究によって得られた情報は厳重に管理し，実施時に同意を得た本来の目的以外に使用してはならない。また，同意を得た情報以外は利用すべきでない。

▶4　研究結果の公開とフィードバック

研究結果の公開は研究成果を社会に還元するという意味で大切であるが，データのなかには研究協力者のプライバシーにかかわる情報も含まれている場合があるので，公開の際にはプライバシーの保護について十分配慮する必要がある。また，研究協力者や研究協力機関には，自分が参加した研究結果を知る権利があるので，研究者は彼らに対し研究結果を報告しなければならない。

読書案内

イタール，J.M.G.　1801/1807　中野善達・松田　清（訳）　1978　新訳 アヴェロンの野生児——ヴィクトールの発達と教育　福村出版

伊藤哲司・能智正博・田中共子（編）　2005　動きながら識る、関わりながら考える——心理学における質的研究の実践　ナカニシヤ出版

南風原朝和・市川伸一・下山晴彦（編）　2001　心理学研究法入門——調査・実験から実践まで　東京大学出版会

● 引用・参考文献 ●

1章

ボウルビィ, J. 1969 黒田実郎・大羽 蓁・岡田洋子（訳） 1976 母子関係の理論 I 愛着行動 岩崎学術出版社
エリクソン, E.H. 1959 小此木啓吾（訳） 1973 自我同一性 誠信書房
ハヴィガースト, R.J. 1953 荘司雅子（訳） 1958 人間の発達課題と教育 牧書店
正高信男 1995 ヒトはなぜ子育てに悩むのか 講談社現代新書
夏山英一 1989 胎児の成長と行動 糸魚川直祐・北原 隆（編） 生命科学と心理学（応用心理学講座12） 福村出版
西本 脩 1965 幼児における基本的生活習慣の自立の年齢基準 大阪松蔭女子大学論集, 3, 42-78.
ポルトマン, A. 1951 高木正孝（訳） 1961 人間はどこまで動物か──新しい人間像のために 岩波新書
杉原一昭 1986 人間を育てる──発達と教育 杉原一昭・海保博之（編著） 事例で学ぶ教育心理学 福村出版

2章

朝比奈一男・中川功哉 1969 運動生理学（現代保健体育学体系7） 大修館書店
Cowan, W.M. 1979 天野武彦（訳） 1979 脳の発生 サイエンス, 9(11), 68-81.
Gardner, H. 1983 *Frames of mind : The theory of multiple intelligences.* Basic Books.
ギブソン, J.J. 1979 古崎 敬・古崎愛子・辻 敬一郎・村瀬 旻（共訳） 1985 生態学的視覚論──ヒトの知覚世界を探る サイエンス社
石河利寛 他 1980 幼稚園における体育カリキュラムの作成に関する研究 体育科学, 8, 150-155.
ポルトマン, A. 1951 高木正孝（訳） 1961 人間はどこまで動物か──新しい人間像のために 岩波新書
佐々木正人 1994 アフォーダンス──新しい認知の理論 岩波書店
シュトラッツ, C.H. 1922 森 徳治（訳） 1952 子供のからだ 創元社
杉原 隆（編著） 2000 新版 幼児の体育 建帛社
杉原 隆・近藤充夫・吉田伊津美・森 司朗 2007 1960年代から2000年代に至る幼児の運動能力発達の時代変化 体育の科学, 57(1), 69-73.
津本忠治 1993 脳の発生・発達と塑性 伊藤正男（監） 松本 元（編） 別冊日経サイエンス──脳と心 日経サイエンス社
Vythilingam, M., Heim, C., Newport, J., Miller, A.H., Anderson, E., Bronen, R., Brummer, M., Staib, L., Vermetten, E., Charney, D.S., Nemeroff, C.B. & Bremner, J.D. 2002 Childhood trauma associated with smaller hippocampal volume in women with major depression. *The American Journal of Psychiatry*, 159(12), 2072-2080.
Zigler, E.F. & Stevenson, M.F. 1993 *Children in a changing world : development and social issues*, 2nd ed. Brooks/Cole.

3章

バウアー, T.G.R. 1974 岡本夏木・野村庄吾・岩田純一・伊藤典子（訳） 1979 乳児の世界──認識の発生・その科学 ミネルヴァ書房
Crook, C.K. & Lipsitt, L.P. 1976 Neonatal nutritive sucking. *Child Development*, 47, 518-522.
Fantz, R.L. 1961 The origin of form perception. *Scientific American*, 204, 66-72.
Gibson, E. 1969 *Principles of perceptual learning and development.* Meredith Co.
Kessen, W., Haith, M.M. & Salapatek, P.H. 1970 Human infancy : A bibliography and guide. In P.H. Mussen (Ed.), *Carmichael's manual of child psychology*, Vol.1. Wiley.
Meltzoff, A.N. & Moore, M.K. 1983 Newborn infants imitate adult facial gestures. *Child Development*, 54, 702-709.
Steiner, J.E. 1979 Human facial expressions in response to taste and smell stimulation. In H.W. Reese & L.P. Lipsitt (Eds.), *Advances in child development and behavior*, VoL.13. Academic Press. pp.257-296.
Trehub, S.E. & Rabinovitch, M.S. 1972 Auditory-linguistic sensitivity in early infancy. *Developmental Psychology*, 6, 74-77.

引用・参考文献

Zaporozhets, A.V.　1965　The development of perception in the preschool child. In P.H. Mussen (Ed.), *European research in cognitive development (Monographs of the society for research in child development,* Vol.30). pp. 82-101.

4章

Baillargeon, R.　1987　Object permanence in 3½-and 4½-month-old infants. *Developmental Psycology*, **23**. 655-664.
Case, R.　1985　*Intellectual development : A systematic reinterpretation.* New York : Academic Press.
Chi, M.T.H.　1978　Knowledge structures and memory development. In Siegler, R. (ed.), *Children's thinking : What develops?* Lawrence Erlbaum Associates.
Chi, M.T.H.　1981　Knowledge development and memory performance. In Friedman, M.P., Das, J.P. & O'conner, N. (eds.), *Intelligence and learning.* Plenum Press.
Chi, M.T.H. & Koeske, R.D.　1983　Network representation of a child's dinosaur knowledge. *Developmental Psychology*, **19**, 29-39.
Cohen, L.B. & Cashon, C.H.　2006　Infant cognition. In Kuhn, D. & Siegler, R. (eds.), *Handbook of Child Psychology*, 6th ed., Vol.2 : Cognition, Perception, and Language. John Wiley & Sons.
Cultice, J.C., Somerville, S.C. & Wellman, H.M.　1983　Preschoolers' memory monitoring : Feeling-of-knowing judgments. *Child Development*, **54**, 1480-1486.
Flavell, J.H., Beach, D.R. & Chinsky, J.M.　1966　Spontaneous verbal rehearsal in a memory task as a function of age. *Child Development*, **37**, 283-299.
Flavell, J.H., Miller, P.H. & Miller, S.A.　1993　*Cognitive development*, 3rd ed. Englewood Cliffs, NJ : Prentice Hall.
Kail, R. & Spear, N.E.　1984　*Comparative Perspectives on the Development of Memory.* Lawrence Erlbaum Associates, 111. 118.
Keeney, T.J., Cannizzo, S.R. & Flavell, J.H.　1967　Spontaneous and induced verbal rehearsal in a recall task. *Child Development*, **38**, 953-966.
Kreutzer, M.A., Leonard, C. & Flavell, J.H.　1975　An interview study of children's knowledge about memory. *Monographs of the Society for Research in Child Development*, **40**, 1-58.
中村和夫　2004　ヴィゴーツキー心理学 完全読本　新読書社
Piaget, J. & Inhelder, B.　1966　*La psychologie de l'enfant* (Collection "Que sais-je" No.369). P.U.F.　波多野完治・須賀哲夫・周　郷博（訳）　1969　新しい児童心理学（文庫クセジュ 461）　白水社
Premack, D. & Woodruff, G.　1978　Does the chimpanzee have a theory of mind? *The Behavioral and Brain Sciences*, **1**, 515-526.
Rovee-Collier, C.　1984　The Ontogeny of Learning and Memory in Human Infancy. In Kail, R. & Spear, N.E. (Eds.), *Comparative perspectives on the development of memory.* Lawrence Erlbaum Associates.
Schneider, W. & Pressley, M.　1997　*Memory development between two and twenty*, 2nd ed. Lawrence Erlbaum Associates.
Sullivan, M.W.　1982　Reactivation : Priming forgotten memories in human infants. *Child Development*, **53**, 516-523.
Wellman, H.M. & Johnson, C.N.　1979　Understanding of mental processes : A developmental study of remember and forget. *Child Development*, **50**, 79-88.
Wellman, H.M, Cross, D. & Watson, J.　2001　Meta-analysis of theory-of-mind development : The truth about false belief. *Child Development*, **72**, 655-684.
Wimmer, H. & Perner, J.　1983　Beliefs about beliefs : Representation and constraining function of wrong beliefs in young children's understanding of deception. *Cognition*, **13**, 103-128.

5章

イザード．C.E.　1991　荘厳舜哉（監訳）　1996　感情心理学　ナカニシヤ出版
Maslow, A.H.　1954　*Motivation and Personality.* Harper & Row.
Sroufe, L.A.　1996　*Emotional development : The organization of emotional life in the early years.* Cambridge University Press.

6章

新井邦二郎　1988　母子相互作用　中川大倫・深谷昌志（編著）　心理と教育：社会化　放送大学教育振興会
星　薫　1989　乳児　宮川知彰・星　薫（編）　発達段階の心理学　放送大学教育振興会

福沢周亮（編）　1987　子どもの言語心理2 幼児のことば　大日本図書
福沢周亮　1995　言葉と教育（改訂版）　放送大学教育振興会
岩田純一　1990　ことば　無藤　隆・高橋恵子・田島信元（編）　発達心理学入門Ⅰ：乳児・幼児・児童　東京大学出版会
Lorenz, K.Z.　1943　Die Angeborenen Formen möglicher Erfahrung. *Zeitschrift für Tierpsychologie*, **5**, 233-409.
村上京子　1985　言語の発達と指導　福沢周亮・今井靖親（編）　現代幼児教育心理学　教育出版
大久保　愛　1977　幼児のことばとおとな　三省堂
阪本一郎　1954　読書の心理　牧書店
杉原一昭　1990　今，子どもが壊されている　立風書房
高木和子　1987　人と語りあい，わかりあえるようになるまで——言語の発達　高野清純・深谷和子（編）　乳幼児心理学を学ぶ〔新版〕　有斐閣
高橋道子　1974　乳児の微笑反応についての縦断的研究　心理学研究, **45**, 256-267.
Trevarthen, C.　1977　Descriptive analyses of infant communicative behavior. In H.R. Schaffer (Ed.), *Studies in mother-infant interaction*. Academic Press.

7章

バウアー，T.G.R.　1979　鯨岡　峻（訳）1982　ヒューマン・ディベロプメント——人間であること・人間になること　ミネルヴァ書房
ボウルビィ, J.　1969　黒田実郎・大羽　蓁・岡田洋子（訳）1976　母子関係の理論Ⅰ愛着行動　岩崎学術出版社
Coie, J.D., Dodge, K.A. & Coppotelli, H.　1982　Dimensions and types of social status : A cross-age perspective. *Developmental Psychology*, **18**, 557-571.
Eckerman, D.O., Whatley, J.L. & Kutz, S.L.　1974　Growth of social play with peers during the second year of life. *Developmental Psychology*, **11**, 42-49.
Hetherington, E.M.　1967　The effects of familial variables on sex typing, on parent-child similarity, and on imitation in children. In J.P. Hill (Ed.), *Minnesota Symposia on Child Psychology* (Vol.1). University of Minnesota Press.
石井正子　2008　幼稚園における統合保育導入に伴う課題と対応　學苑 初等教育学科・子ども教育学科紀要, **812**, 41-55.
岩下将務　2001　遊び環境における障害児と健常児が居合わす場面の考察　日本建築学会計画系論文集, **540**, 119-124.
MacDonald, K. & Parke, R.D.　1984　Bridging the gap : Parent-child play interaction and peer interactive competence. *Child Development*, **55**, 1265-1277.
丸山良平　2007　保育園0・1歳クラス児の仲間関係と保育者援助の実態　上越教育大学研究紀要, **26**, 331-343.
Monfries, M.M. & Kafer, N.F.　1988　Neglected and rejected children : A social-skills model. *The Journal of Genetic Psychology*, **121**, 401-407.
中西智子・伊藤雅代　2005　高齢者と子どもたちの遊びの展開——季節を感じる遊びを通して　三重大学教育学部附属教育実践総合センター紀要, **25**, 97-101.
中澤　潤　1992　新入幼稚園児の友人形成——初期相互作用行動, 社会認知能力と人気　保育学研究, **30**, 98-106.
Parten, M.B.　1932　Social participation among pre-school children. *Journal of Abnormal and Social Psychology*, **27**, 243-269.
Rubin, K.H.　1982　Nonsocial play in preschoolers : Necessarily evil? *Child Development*, **53**, 651-657.
Rubin, K.H.　1986　Play, peer interaction, and social development. In A.W. Gottfried & C.C. Brown (Eds.), *Play interactions : The contribution of play materials and parental involvement to children's development*. Lexington Books. pp.163-174.
柴田利男　1993　幼児における社会的コンピテンスの諸測度間の相互関連性とその個人差　発達心理学研究, **4**, 60-68.
立元　真　1993　乳児における視覚共鳴反応の発達　心理学研究, **64**, 173-180.
Trevarthen, C.　1975　Early attempts at speech. In R. Lewin (Ed.), *Child alive*. Temple Smith.
吉村　斉　1996　幼児期の遊び仲間形成における道徳的判断と対人行動の特性　高知学園短期大学紀要, **26**, 1-9.

8章

遠藤利彦・保崎路子　1994　就学前児における自己理解の発達(1)(2)　日本発達心理学会第5回大会発表論文集, 143-144.
Gallup, G.G.,Jr.　1970　Chimpanzees : Self-recognition. *Science*, **167**, 86-87.
柏木惠子　1983　子どもの「自己」の発達　東京大学出版会
柏木惠子　1988　幼児期における「自己」の発達　東京大学出版会

Kohlberg, L.　1966　A cognitive-developmental analysis of children's sex-role concepts and attitudes. In E.E. Maccoby (Ed.), *The development of sex differences.* Stanford University Press. pp.82-173.
首藤敏元　1996　他人を愛する行動　高野清純（編）　子どもの発達とつまずき　教育出版
植村美民　1979　乳幼児期におけるエゴ（ego）の発達について　心理学評論, **22**(1), 28-44.
山田洋子　1982　0～2歳における要求—拒否と自己の発達　教育心理学研究, **30**(2), 38-47.
百合本仁子　1981　1歳児における鏡像の自己認知の発達　教育心理学研究, **29**(3), 74-79.

9章

Bakeman, R. & Brownlee, J.R.　1980　The strategic use of parallel play : A sequential analysis. *Child Development*, **51**, 873-878.
エリス, M.J.　1973　森 楙・大塚忠剛・田中亨胤（訳）　2000　人間はなぜ遊ぶか——遊びの総合理論　黎明書房
遠藤由美　2007　役割と社会的スキルがからかい認知に及ぼす影響　関西大学社会学部紀要, **38**, 119-131.
遠藤由美　2008　からかいの主観的理解——役割と他者への一般的態度の影響　関西大学社会学部紀要, **39**, 1-16.
Jenkins, J. M. & Astington, J.W.　1993　Cognitive, linguistic, and social factors associated with theory of mind development in young children. *Paper presented at the Biennial Meeting of the Society for Research in Child development.* New Orleans, Louisiana.
厚生労働省　2008　保育所保育指針（厚生労働省告示第141号）
文部科学省　生徒指導上の諸問題　http://www.mext.go.jp/b_menu/houdou/18/09/06091103.htm
文部科学省　2008　幼稚園教育要領（文部科学省告示第26号）
Moore, N.V., Evertson, C.M. & Brophy, J.E.　1974　Solitary play : Some functional reconsiderations. *Developmental Psychology*, **10**, 830-834.
中野　茂　1985　遊びの発達心理学的研究はどのような可能性と問題点を持っているか——理論的考察　藤女子大学・藤女子短期大学紀要, **23**, 43-65.
大内晶子・桜井茂男　2005　就学前児における非社会的遊びと社会的適応との関連　筑波大学心理学研究, **30**, 51-61
Parten, M.B.　1932　Social participation among pre-school children. *Journal of Abnormal and Social Psychology*, **27**, 243-269.
Piaget, J.　1945　La formation du symbole chez l'enfant. Delachaux & Niestlé S.A, Neuchâtel　大伴　茂（訳）　1967　遊びの心理学　黎明書房
Roberts, W.B.,Jr. & Coursol, D.H.　1996　Strategies for intervention with childhood and adolescent victims of bullying, teasing, and intimidation in school settings. *Elementary School Guidance & Counseling*, **30**, 204-212.
Rubin, K.H., Watson, K.S. & Jambor, T.W.　1978　Free-play behaviors in preschool and kindergarten children. *Child Development*, **49**, 534-536.
Rubin, K.H.　1982　Nonsocial play in Preschoolers : Necessarily Evil? *Child Development*, **53**, 651-657.
清水美智子　1983　遊びの発達と教育的意義　三宅和夫ほか（編）　波多野・依田児童心理学ハンドブック　金子書房
Smith, P.K.　1978　A longitudinal study of social participation in preschool children : Solitary and parallel play reexamined. *Developmental Psychology*, **14**, 517-523.
高橋たまき　1984　乳幼児の遊び——その発達プロセス　新曜社
高橋たまき　1991　遊びと発達　無藤　隆（編）　子どもの遊びと生活（新・児童心理学講座　第11巻）　金子書房
谷田貝公昭・林　邦雄・村越　晃・前林清和（編著）　1997　チルドレンワールド　一藝社

10章

Baumrind, D.　1967　Child care practices anteceding three patterns of preschool behavior. *Genetic Psychology Monographs*, **75**, 43-88.
Coke, J.S., Batson, C.D. & McDavis, K.　1978　Empathic mediation of helping : A two-stage model. *Journal of Personality and Social Psychology*, **36**, 752-766.
アイゼンバーグ, N. & マッセン, P.　1989　菊池章夫・二宮克美（訳）　1991　思いやり行動の発達心理　金子書房　pp.159-162.
Feshbach, N.D.　1975　The relationship of child-rearing factors to children's aggression, empathy, and related positive and negative social behaviours. In J. De Wit & W.W. Hartup (Eds.), *Determinants and origins of aggressive behavior.* The Hague Neth : Mouton.
広田信一　1995　教室における自発的愛他行動の観察的研究　教育心理学研究, **43**, 213-219.
Hoffman, M.L.　1963　Parent discipline and the child's consideration for others. *Child Development*, **34**, 573-588.
Hoffman, M.L.　2001　*Empathy and moral development : Implications for caring and justice.* Cambridge

University Press. 菊池章夫・二宮克美（訳） 2001 共感と道徳性の発達心理学——思いやりと正義とのかかわりで 川島書店
岩立京子 1995 幼児・児童における向社会的行動の動機づけ 風間書房 pp.205-223.
川島一夫 1991 愛他行動における認知機能の役割——その情況要因と個人内要因の検討 風間書房 pp.97-99.
Rheingold, H.L. 1982 Little children's participation in the work of adults, a nascent prosocial behavior. *Child Development*, 53, 114-125.
Strayer, F.F., Wareing, S. & Rushton, J.P. 1979 Social constraints on naturally occurring preschool altruism. *Ethology and Sociobiology*, 1, 3-11.
戸田須恵子 2003 幼児の他者感情理解と向社会的行動との関係について 釧路論集：北海道教育大学釧路校研究紀要, 35, 95-105.
Waters, E., Wippman, J. & Sroufe, L.A. 1979 Attachment, positive affect, and competence in the peer group : Two studies in construct validation. *Child Development*, 50, 821-829.
山岸明子 1976 道徳判断の発達 教育心理学研究, 24, 97-106.
Yarrow, M.R., Scott, P.M. & Waxler, C.Z. 1973 Learning concern for others. *Developmental Psychology*, 8, 240-260.

11章

ボウルビィ, J. 1969 黒田実郎・大羽 蓁・岡田洋子（訳） 1976 母子関係の理論 I 愛着行動 岩崎学術出版社
Lamb, M.E. 1977 The development of mother-infant and father-infant attachments in the second year of life. *Developmental Psychology*, 13, 637-648.
宮城音弥（編） 1985 岩波心理学小辞典 岩波書店
ペダーセン, F.A.（編） 1980 依田 明（監訳） 1986 父子関係の心理学 新曜社
Pedersen, F., Yarrow, L., Anderson, B. & Cain, R. 1979 Conceptualization of father influences in the infancy period. In M. Lewis & L. Rosenblum (Eds.), *The social network of the developing infant*. Plenum.

12章

青山征彦 2002 映像と理解 坂元 昂（監修）高橋秀明・山本博樹（編著） メディア心理学入門 学文社
小平さち子 1988 家庭における幼児とテレビ 放送研究と調査, 8, 2-11.
小平さち子 1989 家庭における子どもとテレビ 放送研究と調査, 8, 38-47.
松原醇子 1986 紙芝居 岸井勇雄・大久保 稔（編） 児童文化 チャイルド本社
水越敏行 1994 メディアが開く新しい教育 学習研究社
モナコ, J. 岩本憲児・内山一樹・杉山昭夫・宮本高晴（訳） 1983 映画の教科書——どのように映画を読むか フィルムアート社
諸藤絵美 2008 幼児はテレビをどう見ているか——平成20年6月「幼児視聴率調査」から 放送研究と調査, 10, 56-65.
奈良女子大学文学部附属幼稚園幼年教育研究会（編） 1976 絵本との出会い ひかりのくに
西川由紀子 2007 子どもにとっての絵本の絵の役割——絵本「はじめてのおつかい」のおはなしつくりのデータ分析 立命館文學, 599, 62-70.
白石信子 2003 幼児はテレビとどのようにつきあっているか——「NHK幼児視聴率調査」の結果から 武蔵工業大学環境情報学部情報メディアセンタージャーナル, 4, 24-28.
鈴木裕久・村田光二・藤崎春代・石井健一・坂元 章 1990 テレビの幼児に及ぼす影響の多重パネル研究——第一次中間報告 東京大学新聞研究所紀要, 34, 1-87.
高木和子 1987 幼児期の物語経験 福沢周亮（編） 子どもの言語心理 2 幼児のことば 大日本図書
内田伸子 1982 2歳児のテレビ番組の教育目標 白井 常・坂元 昂（編） テレビは幼児に何ができるか——新しい幼児番組の開発 日本放送教育協会
右手和子 1986 紙芝居のはじまりはじまり 童心社
山本博樹 1993a テレビアニメにおけるカット技法の実態 発達心理学研究, 4, 138-146.
山本博樹 1993b 「問題」の発見を支援する現場研究の視点の導入 発達心理学研究, 4, 67-73.
山本博樹 1993c 子どものテレビ物語の理解におけるカット技法の役割 児童文学研究, 3, 23-41.
山本博樹 2000 構成標識の形式的特徴と明示性 日本人間工学会第41回大会発表論文集, 204-205.

13章

アメリカ精神医学会 高橋三郎・大野 裕・染矢俊幸（訳） 2002 DSM-Ⅳ-TR 精神疾患の分類と診断の手引

引用・参考文献

医学書院
浅見千鶴子・稲毛教子・野田雅子　1980　乳幼児の発達心理2　大日本図書
ハーロウ，H.F. & メアーズ，C.　1979　梶田正巳ほか（訳）　1985　ヒューマンモデル——サルの学習と愛情　黎明書房
発達障害者支援法ガイドブック編集委員会（編）　2005　発達障害者支援法ガイドブック　河出書房新社　p.33.
深谷和子・伊藤裕子・松崎美津子・野田昌代　1970　心因性緘黙症に関する研究（その1）——発症仮説とその検討を中心に　教育相談研究，**10**，51-84.
飯高京子　1990　動作語の発達(1)健常幼児の場合　聴能言語学研究，**7**，125.
石井高明・高橋　脩　1983　豊田市調査による自閉症の疫学(1)——有病率　児童青年精神医学とその近接領域，**24**(5)，311-321.
伊藤健次（編）　2007　新・障害のある子どもの保育　みらい
河井芳文・河井英子　1994　場面緘黙児の心理と指導——担任と父母の協力のために　田研出版
栗田　広・中村敏秀・石田博美　1991　幼児期における広汎性発達障害の療育　全国心身障害児福祉財団
文部科学省ホームページ　http://www.mext.go.jp/
岡田　俊　2009　高機能自閉症という「くくり」について　そだちの科学，**11**，27-32.
小此木啓吾・渡辺久子（編）　1989　別冊発達9　ミネルヴァ書房
世界保健機構（編）　融　道男・中根允文・小見山　実・岡崎祐士・大久保善朗（監訳）　2005　ICD-10 精神および行動の障害——臨床記述と診断ガイドライン　医学書院
高橋道子（編）　1992　胎児・乳幼児の発達（新・児童心理学講座2）　金子書房
田中美郷　1980　小児のことばの障害（小児のメディカル・ケア・シリーズ）　医歯薬出版

14章

Bandura, A., Ross, D. & Ross, S.A.　1961　Transmission of aggression through imitation of aggressive models. *Journal of Abnormal and Social Psychology*, **63**, 575-582.
Cole, M. & Cole, S.R.　1989　*The development of children*. Scientific American Books.
Ferster, C.B. & Skinner, B.F.　1957　*Schedules of reinforcement*. Appleton-Century-Crofts.
Freud, S.　1933　古澤平作（訳）　1953　続精神分析入門（フロイド選集3）　日本教文社
藤永　保・斎賀久敬・春日　喬・内田伸子　1987　人間発達と初期環境——初期環境の貧困に基づく発達遅滞児の長期追跡研究　有斐閣
ゲゼル，A.　1940　山下俊郎（訳）　1966　乳幼児の心理学——出生より5歳まで　家政教育社
三木知子・桜井茂男　1998　保育専攻短大生の保育者効力感に及ぼす教育実習の影響　教育心理学研究，**46**，83-91.
宮原和子・宮原英種　1996　乳幼児心理学を愉しむ　ナカニシヤ出版
Munn, N.L.　1961　*Psychology : The fundamentals of human adjustment*. Harrap.
西山　修　2009　保育者の効力感と自我同一性の形成——領域「人間関係」について　風間書房
田島信元（編）　1989　心理学キーワード　有斐閣
ワトソン，J.B.　1930　安田一郎（訳）　1968　行動主義の心理学　河出書房
Watson, J.B. & Rayner, R.　1920　Conditioned emotional reactions. *Journal of experimental Psychology*, **3**, 1-14.

15章

藤永　保・斎賀久敬・春日　喬・内田伸子　2005　人間発達と初期環境（オンデマンド版）　有斐閣
南風原朝和・市原伸一・下山晴彦（編）　2001　心理学研究法入門——調査・実験から実践まで　東京大学出版会
イタール，J.M.G.　1801/1807　中野善達・松田　清（訳）　1978　新訳 アヴェロンの野生児——ヴィクトールの発達と教育　福村出版
伊藤哲司・能智正博・田中共子（編）　2005　動きながら識る，関わりながら考える——心理学における質的研究の実践　ナカニシヤ出版
正高信男　1995　ヒトはなぜ子育てに悩むのか　講談社現代新書
日本教育心理学会倫理綱領　2000　http://wwwsoc.nii.ac.jp/jaep/japanese/shokitei/rinri.html
日本発達心理学会（監修）　2000　古瀬頼雄・斉藤こずえ・都築　学（編著）　心理学・倫理ガイドブック　有斐閣
ピアジェ，J.　1936　*La naissance de l'intelligence chez l'enfant*.　谷村　覚・浜田寿美男（訳）　1978　知能の誕生　ミネルヴァ書房
西條剛央　2007　ライブ講義・質的研究とは何か（SCQRM ベーシック編）——研究の着想からデータ収集，分析，モデル構築まで　新曜社

● 人名索引 ●

ア行

アイゼンバーグ，N. 134, 139, 142
アスティントン，J.W. 132
飯高京子 179
岩田純一 83
ヴィゴツキー，L.S. 56, 187
ヴィマー，H. 63
ウェルナー，H. 44
ウェルマン，H.M. 59, 63
ウォーク，R.D. 43
ヴント，W.M. 12
エッカーマン，D.O. 97
エリクソン，E.H. 15, 188, 189
エリス，M.J. 120
遠藤利彦 114
遠藤由美 131
大久保 愛 89, 90

カ行

ガードナー，H. 34
カルティス，J.C. 60
ギブソン，E.J. 43, 44
ギブソン，J.J. 33
クーイ，J.D. 101
クルック，C.K. 41
クロイツァ，M.A. 59
ケイス，R. 62
ケイファー，N.F. 102
ゲゼル，A.L. 12, 185
ケッセン，W. 39
コーエン，L.B. 55
コール，M. 187
コール，S. 187
コールバーグ，L. 113, 139, 140
ゴールマン，D. 34

サ行

サイモンズ，P.M. 157
阪本一郎 85
佐々木正人 33
サリヴァン，M.W. 57

ジェンキンス，J.M. 132
清水美智子 127
シュテルン，W. 186
首藤敏元 116
シュナイダー，W. 61
スキナー，B.F. 192
杉原一昭 87
杉原 隆 30, 31
スキャモン，R.E. 21
スタイナー，J.E. 41
スミス，P.K. 124

タ行

ダーウィン，C. 12
高橋たまき 122, 128-130, 132
チ，M.T.H. 60

ナ行

中澤 潤 100

ハ行

パーテン，M.B. 98, 99, 123-125
パーナー，J. 63
ハーロウ，H.F. 181
バウアー，T.G.R. 47, 95
ハヴィガースト，R.J. 21
バウムリンド，D. 145
パスカル・レオン，J. 62
パブロフ，I.P. 185, 191
バンデューラ，A. 191, 195, 196
ハント，J.McV. 191
ピアジェ，J. 12, 17, 21, 50, 51, 54, 55, 62, 123, 125, 139, 140, 186, 189-191, 209
ファンツ，R.L. 40, 43
深谷和子 178
プライアー，W.T. 12
フラベル，J.H. 59
プリマック，D. 63
フロイト，A. 188
フロイト，S. 12, 120, 187, 188

ブロウンリー，J.R. 125
ベイラージョン，R. 55
ベークマン，R. 125
ヘザリントン，E.M. 106
ペダーセン，F.A. 156
ベルスキー，J. 156
ボウルビィ，J. 14, 96, 152
ホール，G.S. 12
保崎路子 114
ホフマン，M.L. 145
ポルトマン，A. 14, 24, 25

マ行

マクドナルド，K. 103
マズロー，A.H. 72
宮城音弥 157
ムーア，M.K. 43
村上京子 84
メルツォフ，A.N. 43
モンフリーズ，M.M. 102

ラ行

ラム，M.E. 149, 152
リプシット，L.P. 41
ルビン，K.H. 99
ロヴィ・コリア，C. 56
ローレンツ，K.Z. 80

ワ行

ワトソン，J.B. 12, 185, 186, 192

事項索引

ア行

愛情欲求　73
愛他行動　134
愛着（アタッチメント）　14, 95, 143, 152
アニミズム　54
アニメ　164
アフォーダンス　33
誤った信念課題　63
安全基地　181
安全欲求　72
育児語　87
育児ストレス　155
育児ノイローゼ　155
育児不安　155
1語文　85
一次的欲求　71
遺伝　20
遺伝説　20
遺伝と環境　184
意図的記憶　58
イメージ　127
インターネット　168
運動経験　32
運動コントロール　30
運動体力　30
運動能力　29
運動能力検査　31
AST　137
エスタブリッシング・ショット　165
絵本　161
LD（学習障害）　173
延滞模倣　52, 127
応答する環境　15
オペラント条件づけ　191

カ行

カウンセリング　179
可逆性　52
学習　18, 185
学習者検証の原理　196
拡充模倣　87
学習理論　191

カット技法　165, 167
紙芝居　162
感覚運動期　51
感覚運動的遊び　125
感覚運動的段階　125, 191
環境　20
環境説　20
観察法　198
感情　66
緘黙　178
慣用的身ぶり　114
記憶方略　58-61
既知感　60
吃音　177
基本的運動パターン　30
基本的信頼感　143
基本的生活習慣　15
吸啜反応　42
驚愕反射　38
共感　136
共感覚　45
共感性　76
共感的心配の感情　136
協力遊び　98, 124
鏡像の認識　110
均衡化　191
偶発的記憶　58
具体的操作　56
具体的操作期　51, 52, 54
具体的操作段階　191
クラス包含関係　53
グリア細胞　26
形式的操作期　51
形式的操作段階　191
系列化　53
結果論的道徳　139
研究倫理　210
原始反射（新生児反射）　10, 14, 38
好奇心　15, 74
高機能自閉症　173
好奇欲求　74
向社会的行動　134
構成的遊び　99
構造化面接　203

広汎性発達障害　170
心の理論　56, 63
骨化年齢　28
個人的苦しみの感情　136
ごっこ遊び　99, 130
古典的条件づけ　191
ことばの遅れ　175
ことばの拡大期　85
ことばの充実期　88
コミュニケーション　67, 79, 132
コンピュータ　168

サ行

再活性化　57
再認的記憶　45
作業記憶　62
三項関係　56, 83
シェマ　51, 190
ジェンダー　105
自己概念　32
自己実現欲求　72, 73
自己主張　115
自己ペースの原理　196
自己抑制　115
指示的面接　203
自尊感情　114
自尊欲求　72
視聴　163
視聴率　164
実験群　201
実験者効果　202
実験法　200
実在論　54
質的研究法　208
自伝的記憶　61
児童　10
自動化　62
児童虐待　155
自閉症　172
自閉症スペクトラム（連続体）　173
社会的学習理論　196
社会集団　158
就巣性　24

従属変数　200
習癖　78
循環反応　51
生涯発達　184
生涯発達心理学　11, 184
使用語彙　85
情操　66
情緒　66
象徴遊び　125
象徴機能　127
象徴的遊び　99
情動調整　95
情報リテラシー　161
剰余変数　201
初語　84
事例研究法　205
心因性　178
新生児　10
身体的自己　108
シンボル　83, 128
心理療法　180
親和欲求　72
髄鞘化　27
スウォドリング　19
スキル　161
スクリプト　61
ストレス　76
スモールステップの原理　194
成熟　18, 184
成熟優位説　185
精神遅滞　170
精神分析学　187
生理的早産　14, 25
生理的欲求　71, 72
積極的反応の原理　196
前言語期　83
前操作期　51-54
前操作的段階　125, 191
相互作用説　20, 186
相互同調性　93
操作　51
双生児研究法　185
相貌的知覚　44
相補性　53
即時フィードバックの原理　196
素朴理論　56

タ行

第一反抗期　15, 73

退行　76
胎児　11
胎児期　13
対象の永続性　47
体制化　58
対話　168
多語文　86
達成欲求　72
脱中心化　54
多重知性モデル　34
探索欲求　72
知覚の恒常性　47
力によるしつけ　145
知識　60, 61
父親不在　151
注意欠陥/多動性障害（ADHD）　173
注視　164
注視時間　40
中心化　54
調節　190
直感的思考　17
追視　42
低体重児　13
テレビ　163
テレビゲーム　166
同一性　52
同化　190
動機論的道徳　139
瞳孔反射　38
統制群　201
道徳性　138
道徳的ジレンマ　139
道徳的判断　136
特異性発達障害　173
独立変数　200
取扱説明書　168

ナ行

内的ワーキングモデル　96
仲間入り　100
仲間関係　97
ながら視聴　164
喃語　84
2語文　85
二次的就巣性　25
二次的欲求　71
乳児　10
乳児の恐怖条件づけ　192
乳幼児心理学　11

ニューロン　26
認知　50
ぬき　163

ハ行

発生的認識論　190
発達　18, 184
発達課題　21
発達曲線　21
発達最近接領域　56
発達障害　170
発達障害者支援法　170
発達心理学　11
発達の原理　20
母親不在　154
場面緘黙　178
半構造化面接　203
PSD（心理社会的未熟症）　77
非言語コミュニケーション　94
非構造化面接　203
非指示的面接　203
ビデオ　165
人見知り　14
ひとり遊び　98, 123
表象　127
表象機能　52
非流暢現象　177
敏感期　21
不安　166
輻輳説　20, 186
父子相互作用　150, 155
父性　149
ふり遊び　130
プログラム学習　194
文化的文脈（依存）説　187
並行遊び　98, 124
保育者効力感　195
保育所保育指針　120
防衛機制　75
傍観者遊び　123
方位知覚　47
母子相互作用　154, 155
ホスピタリズム　70, 154
母性　153
保存　52, 56
ほほえみ反応　81

マ行

マザリーズ（母親語）　94

メタ記憶　59
メタ認知　59, 63
面接者バイアス　204
面接法　203
モデリング　144, 196
モニタリング　59
ものの永続性　113
ものの永続性の概念　51, 55
模倣　84

ヤ行

役割取得　138
野生児　206
夜尿　76
誘導的しつけ　145
有能感　32
養育行動　14
養育態度　157
幼児　10
幼児期　15
幼児期健忘　61
幼稚園教育要領　120
欲求不満（フラストレーション）　75
欲求不満行動　75
欲求不満耐性　78

ラ行

ラポール　204
理解　164
理解語彙　85
離巣性　24
リテラシー　161
リハーサル　58, 59
リビドー　187
量的研究法　208
連合遊び　98, 124

編　者

櫻井　茂男　筑波大学名誉教授
岩立　京子　東京家政大学子ども学部

執筆者〈執筆順，（　）内は執筆担当箇所〉

櫻井　茂男　（1章）編者
森　　司朗　（2章）鹿屋体育大学
堀内　ゆかり　（3章）九州産業大学人間科学部
太田　　誠　（4章）大阪青山大学健康科学部
石﨑　一記　（5章）東京成徳大学応用心理学部
小野瀬　雅人　（6章）聖徳大学児童学部
小林　　真　（7章）富山大学人間発達科学部
岩立　京子　（8章）編者
福田　真奈　（9章）横浜創英大学こども教育学部
濱口　佳和　（10章）筑波大学人間系
櫻井　登世子　（11章）東京学芸大学教育学部
山本　博樹　（12章）立命館大学総合心理学部
荻原　はるみ　（13章）名古屋柳城短期大学
三木　知子　（14章）頌栄短期大学名誉教授
渡部　玲二郎　（15章）茨城大学大学院

たのしく学べる乳幼児の心理〔改訂版〕

2010 年 10 月 10 日　初版第 1 刷発行
2020 年 6 月 20 日　　　　第 14 刷発行

編著者　　櫻井 茂男・岩立 京子
発行者　　宮下 基幸
発行所　　福村出版株式会社
〒 113-0034　東京都文京区湯島 2-14-11
電話　03-5812-9702　FAX　03-5812-9705
https://www.fukumura.co.jp

印刷　株式会社文化カラー印刷
製本　協栄製本株式会社

©S. Sakurai, K. Iwatate　2010
Printed in Japan
ISBN978-4-571-23048-6
乱丁本・落丁本はお取替え致します。
定価はカバーに表示してあります。

福村出版◆好評図書

渡辺弥生・西野泰代 編著
ひと目でわかる発達
●誕生から高齢期までの生涯発達心理学
◎2,400円　ISBN978-4-571-23062-2　C3011

誕生から高齢期に至る生涯発達について,100点を超える図表をもとにその特徴を理解する。授業に使える工夫満載。

川島一夫・渡辺弥生 編著
図で理解する　発達
●新しい発達心理学への招待
◎2,300円　ISBN978-4-571-23049-3　C3011

胎児期から中高年期までの発達について,基本から最新情報までを潤沢な図でビジュアルに解説した1冊。

藤田主一・齋藤雅英・宇部弘子 編著
新　発達と教育の心理学
◎2,200円　ISBN978-4-571-22051-7　C3011

発達心理学,教育心理学を初めて学ぶ学生のための入門書。1996年初版『発達と教育の心理学』を全面刷新。

繁多 進 監修／向田久美子・石井正子 編著
新　乳幼児発達心理学
●もっと子どもがわかる 好きになる
◎2,100円　ISBN978-4-571-23047-9　C3011

「子どもがわかる 好きになる」をモットーに,子どもの発達と心を把握する豊かな目を養う乳幼児発達心理学の書。

心理科学研究会 編
小学生の生活とこころの発達
◎2,300円　ISBN978-4-571-23045-5　C3011

心理学的知見から,学齢毎の発達に関わる課題を読み解く。より深く子どもを理解したい教育関係者必読の書。

宇都宮 博・神谷哲司 編著
夫と妻の生涯発達心理学
●関係性の危機と成熟
◎5,000円　ISBN978-4-571-23055-4　C3011

夫婦の生涯に起こる様々なライフイベントについて心理学の見地から考察し,各分野の関連研究を紹介する。

加藤義信 著
アンリ・ワロン その生涯と発達思想
●21世紀のいま「発達のグランドセオリー」を再考する
◎2,800円　ISBN978-4-571-23053-0　C3011

ワロンの魅力的な人物像と発達思想を解説し,現代発達心理学における〈ワロン的な見方〉の重要性を説く。

◎価格は本体価格です。